全国名特优新农产品选编

2013年度

上

农业部优质农产品开发服务中心　编

中国农业出版社

图书在版编目（CIP）数据

全国名特优新农产品选编．2013年度．上/农业部优质农产品开发服务中心编．—北京：中国农业出版社，2014.6

ISBN 978-7-109-19330-7

Ⅰ．①全…　Ⅱ．①农…　Ⅲ．①农产品-介绍-中国-2013　Ⅳ．①F724.72

中国版本图书馆CIP数据核字（2014）第138438号

中国农业出版社出版
（北京市朝阳区麦子店街18号楼）
（邮政编码　100125）
责任编辑　李文宾　廖　宁

中国农业出版社印刷厂印刷　　新华书店北京发行所发行
2015年1月第1版　　2015年1月北京第1次印刷

开本：787mm×1092mm　1/16　　印张：11.75
字数：150 千字
定价：128.00 元

主　　编　张华荣

副 主 编　金文成

主要编写人员　（按姓名笔画排序）

万福祥　王秀敏　王和阳　王晓燕　王菊梅　王　晨

王慧智　元新娣　孔　巍　古丽米热·阿不都秀库尔

田海月　田继武　曲文亮　刘　娟　刘　斌　刘　曦

孙　灿　孙传芝　孙红旭　孙德生　杜维春　李　旭

李连海　李建兵　李培贵　李清泽　杨　波　杨映辉

吴义鸿　佘义斌　张成云　张钟亿　陈书梅　陈丽云

苗　阳　林智全　卓　玛　郑平生　赵宏硕　赵晋富

郝文革　胡瑞宁　侯振宇　贺利民　袁广义　徐建辉

高倩玉　郭向华　黄魁建　喻绍春　程玉琳　路馨丹

黎颖菁　潘澎湃　霍美丽

前言

我国幅员辽阔，地形和气候多样，农业物候鲜明，物产丰富，农作物栽培历史悠久，为名特优新农产品开发推广提供了得天独厚的自然和人文资源。近年来，在农业部《优势农产品区域布局规划》和《特色农产品区域布局规划》指导下，各地发挥资源和区域优势，形成了优势突出、特色鲜明的优势产区和优势产业带，奠定了名特优新农产品开发的坚实基础；通过推进农业标准化生产，推行农产品质量认证，开展农产品产销促进和品牌建设，加强农产品质量安全监管，为市场提供了一大批名特优新农产品。

随着城镇化、工业化、农业现代化的深入推进和人民生活水平的持续提高，全社会更加关注农产品质量及食品安全，对优质农产品的需求日益旺盛。国家高度重视发展优质安全农产品生产。汪洋副总理强调，要让德治和法治两个“车轮”同时转起来，促进社会共治，保障“舌尖上的安全”；要充分利用地理优势、物种优势、开放优势等条件，打造一批在全国乃至世界有优势、有竞争力的战略品牌，增强农业发展的动力和活力。农业部认真落实中央要求，韩长赋部长指出，要切实统筹好数量、质量和效益的关系，把农产品质量安全摆到与数量安全同等重要的高度，发展优势特色农业，支持优质安全农产品生产，开展农产品品牌创建。

为了充分发挥我国农业资源丰富和地域特色农产品众多的优势，继承保护、发掘培育和引进开发一批名特优新农产品，促进农业增效、农民增收，2013年7月，根据农业部安排部署，在种植业管理司的指导下，农业部优质农产品开发服务中心从种植业食用农产品入手，按照真实可信、公益服务、宁缺毋滥、动态管理的原则，采取农业部门自下而上的工作程序，组织开展了全国名特优新农产品目录编发工作，并于2014年2月首次向社会正式发布。包括粮油、蔬菜、果品、茶叶和其他5大类679个产品、820家生产单位。一是产品覆盖地域广，涵盖除香港、澳门、台湾外的全国31个省（自治区、直辖市）；二是产品类别全，基本包含了粮食、油料、蔬菜、果品、茶叶等种植业食用农产品，各类产品分布比较合理，有较强的代表性；三是特色突出、质量可靠，优选出了当前我国较有影响的种植业食用农产品，有3/4通过了无公害、绿色、有机、地理标志和良好农业规范认证。今后将定期编发，每两年发布一次。

《2013年度全国名特优新农产品目录》发布后，引起了良好的社会反响。实践表明，编发全国名特优新农产品目录是一项创新性工作，是新时期推进优质农产品开发的有效抓手，也是服务"三农"、服务社会的良好平台。为更好地向社会推介具有较高美誉度和占有率的品牌农产品，确立优质农产品在人们心目中信誉度和认同感，使之真正成为质量的象征、安全的象征，让老百姓吃得放心、吃出品味，发挥目录引导生产、树立品牌、促进消费、提振信心的积极作用，从2014年3月开始，农业部优质农产品开发服务中心组织编辑出版了《全国名特优新农产品选编 2013年度》，从全国各地农业部门上报的目录产品编辑素材中，按照源于目录、宁缺毋滥、图文并茂、可读性强等原则，精选了393个粮油、茶叶、果品、蔬菜等类产品，分为上、下两册汇集成书，力求真实准确、简明生动地介绍产品的产地特征、特性、历史文化及品牌特点。

希望此书能够成为广大读者了解目前我国优质农产品开发工作成绩的一个权威、便捷的窗口，为各级农业部门指导优质农产品开发工作提供一些有益的参考，为众多生产者开发优质农产品提供一点成功经验的借鉴，为广大消费者了解和选购优质农产品提供一份有价值的指南。

编　者

2014年12月

目 录

前言

粮油类

禾谷类 · 大米

宝坻大米 2
胭脂稻 3
东港大米 4
舒兰大米 5
倒淌河大米 6
桦川大米 7
延寿大米 8
庆安大米 9
绥滨大米 10
梧桐河大米 11
建湖大米 12
洪泽湖大米 13
金坛大米 14
南陵大米 15
沱河大米 16
板桥大米 17
芜湖大米 18
桐城大米 19
八斗贡米 20
明水香稻 21
黄河口大米 22
竹溪贡米 23
南丹巴平米 24
东坡阴米 25
广南八宝米 26
沙湖大米 27

禾谷类 · 小米

蔚州贡米 28
武安小米 29
孤竹小金米 30
八旗贡米 31
黄粱梦小米 32
龙兴贡米 33
汾州香小米 34
西回小米 35
河峪小米 36

蒙田小米 37
乾安黄小米 38
红石砬小米 39
托古小米 40
古龙小米 41
八家子小米 42
龙山小米 43
延安小米 44
米脂小米 45
花寨小米 46

禾谷类·其他

武功紫红米 47
缙云薏米仁 48
佤寨荞 49
摩梭红米 50
高良苡仁 51
黑尔糯米 52
金沙薏米 53

豆类·红豆

金北联红小豆 54
井陉红小豆 55
界江红红小豆 56

豆类·绿豆

扎鲁特绿豆 57
明光绿豆 58
横山大明绿豆 59

豆类·其他

蔚县豌豆 60
漳平青仁乌豆 61

薯类

胶河土豆 62
巫溪洋芋 63
瓜坡洋芋 64
丰源马铃薯 65
天目小香薯 66
连城红心地瓜干 67
那湖五彩薯 68
紫云红心红薯 69

油料类·大豆

巴彦大豆 70
穆棱大豆 71
克山大豆 72
小金黄芽豆 73

油料类·花生

肃宁黑花生 74
新昌小京生花生 75
乔亭小籽花生 76
柘山花生 77
荣成大花生 78

文登大花生 79
蕉岭黑花生 80

油料类·瓜子

顺山堡子葵花籽 81
宝清大白板南瓜籽 82
塔城瓜子（西瓜籽） 83

茶叶类

绿茶类

洞庭山碧螺春 86
金坛雀舌 87
茅山青锋 88
太湖翠竹茶 89
天目湖白茶 90
无锡毫茶 91
安吉白茶 92
大佛龙井 93
更香绿茶 94
江山绿牡丹茶 95
缙云黄茶 96
绿剑茶 97
平水日铸茶 98
千岛玉叶龙井茶 99
松阳银猴 100
天目青顶 101
天台黄茶 102
乌牛早茶 103
婺州举岩茶 104
余姚瀑布仙茗 105
越乡龙井 106
黄山毛峰 107
云谷大方茶 110
金山时雨 111
六安瓜片 112
太平猴魁 114
汀溪兰香茶 115
涌溪火青 116
新安源绿茶 117
休宁松萝 118
岳西翠兰茶 119
松溪绿茶 120
浮瑶仙芝 121
井冈翠绿 122
婺北茶 123
信阳毛尖 124
邓村绿茶 126
龙峰茶 127
水镜毛尖 128
英山云雾茶 129
古丈毛尖 130
伏虎绿雪 131
桂平西山茶 132
水融香 133

巴南银针 134
永川秀芽 135
马边绿茶 136
米仓山茶 137
纳溪特早茶 138
都匀毛尖茶 139
宜良宝洪茶 140
广南底圩茶 141
林芝春绿 142

白茶类

建阳白茶 143
政和白茶 144

黄茶类

莫干黄芽茶 145
霍山黄芽 146

乌龙茶类

安溪铁观音 147
大红袍 148
闽南水仙 149
永春佛手 150
漳平水仙茶 151
单丛茶 152

黑茶类

千两茶 153
金茯茶 154
天尖茶 155
巴达高山青饼 156
高黎贡山普洱茶 157
岩冷普洱茶 158

红茶类

祁门红茶 159
金骏眉 161
政和工夫红茶 162
井冈红 163
宜红工夫茶 164
昌宁红 165
黄梨坡红茶 166

花茶及代用茶类

龙都香茗 167
余庆小叶苦丁茶 168
杭白菊 169
滁菊 170
黄山贡菊 171
雪菊 172

索引 ………………………………………… 173
后记 ………………………………………… 177

【粮油类】

宝坻大米

产地特征：宝坻大米产自天津市宝坻区东南部潮白新河以东、蓟运河以西的黄庄洼地区，地势平坦，河流纵横，生态原始，自然环境优美，是天津市三大湿地之一，土壤、水质、气候条件适宜生产优质稻米。

产品特性：主栽品种津原E28，为粳稻类型，全生育期172天左右。营养元素含量较均衡，除富含碳水化合物外，还含有蛋白质、脂肪、维生素及矿物质等营养元素。粒大，椭圆形，垩白率极低，晶莹剔透。品质佳，口感好，与日本优质稻米品种“越光”相当。

宝坻区水稻种植起源于明万历年间，为时任知县袁黄由江南引种至此，是天津市水稻种植发源地，可谓米香飘过500年。近年来，全区水稻种植面积25万亩*，总产量约15万吨。核准注册国家地理标志产品，通过无公害农产品认证。

推荐单位：天津市宝坻区种植业发展服务中心

* 亩为非法定计量单位。1公顷=15亩。

胭脂稻

产地特征：玉田县位于河北省东北部，属北温带季风性大陆气候，四季分明，雨热同季，雨量充沛，光照充足。胭脂稻产区为山前平原，土壤肥沃，属中壤质褐土，富含钾、铁、硒等多种矿物质。

产品特性：主要种植当地特有的农家品种。外形呈椭圆形，顺纹带有紫红色的米线。胭脂稻米营养丰富，与普通稻米相比，18种氨基酸所含总量高1.5倍，富含钾、铁、镁等矿物质营养元素。胭脂米饭具有沁人心脾的清香味，尤其特殊的是，此饭回锅三次，色香犹存；每一次回锅，米粒都能伸长一段，所以又有“三伸腰”之称。

清朝初期，胭脂稻即为贡品。康熙皇帝在所撰《御稻米文》中写道：“丰泽园中有水田数区，布玉田稻种”，“其米色微红而粒长，气香而味腴”，“内膳所用皆此米也”。此外，古典文学名著《红楼梦》也曾提到玉田胭脂稻。目前，胭脂稻仅在玉田县亮甲店镇小泉村生产，用泉水浇灌，已建立标准化生产基地300亩，年产优质胭脂稻75吨。

推荐单位：河北省玉田县农牧局

东港大米

产地特征：辽宁省东港市位于辽东半岛东部。光照充足，无霜期180余天，灌溉条件好、土壤肥沃，是辽宁省水稻主产区，素有“鱼米之乡”的美誉。

产品特性：主要栽培港育系列、盐丰系列等品种。米粒灰白且有光泽，透明度好，垩白米粒少。富含碳水化合物、蛋白质、脂肪、维生素及矿物质等营养元素。米饭青白色，有光泽，颗粒饱满，柔软滑腻，清香可口。

东港水稻耕种历史可追溯到150年前，在前阳镇柳林地域种植的咸、淡两种水灌溉的水稻碾制的大米，香醇可口，曾为清宫廷贡米。2013年，全市种植水稻80万亩，年产40万吨。核准注册国家地理标志产品，通过无公害食品、绿色食品、有机食品等认证。

推荐单位：辽宁省东港市农村经济局

舒兰大米

产地特征：吉林省舒兰市地处长白山脉张广才岭与老爷岭汇合处，向松嫩平原过度地带。属北温带大陆性季风气候，雨热同季，光照充分，昼夜温差大，土壤肥沃，有机质含量高，适宜优质水稻生产。

产品特性：主要栽培稻花香品种，全生育期140天左右。富含碳水化合物、蛋白质、脂肪、维生素及矿物质等营养元素。米粒细长，色泽光亮，晶莹剔透。蒸煮时散发出清香味，口感清淡略甜，绵软略黏，芳香爽口，饭粒表面油亮，剩饭不回生。

舒兰水稻生产历史悠久，曾被清皇室定为“皇封贡地”，清史有“宫廷之御米多产自舒兰”的记载，有诗曰：“碧水蓝天蕴珠玉，溢芳泌馨舒兰米”。2013年，全市种植面积82万亩，总产量38万吨。

推荐单位：吉林省舒兰市农业局

倒淌河大米

产地特征：德惠市位于吉林省中北部，美丽富饶的松辽平原腹地。属中温带半湿润季风气候，年均气温4.4℃，年均降水量531毫米。土地以黑钙土和草甸土为主，土质肥沃，富含硫、钙、锌、锰等微量元素，适宜水稻种植。

产品特性：主要选用吉粳系列品种，全生育期138天左右。富含碳水化合物、蛋白质、脂肪、维生素及矿物质等营养元素。米粒较小，大小匀称，饱满有光泽，形状较圆。粒青如玉、晶莹剔透、质重如砂。口感滑润、松软香甜、清香淳厚，富有油性。

德惠市是东北地区较早的水稻成片产区。2013年，全市水稻种植面积80万亩，总产量45万吨。倒淌河大米为吉林省著名商标，通过绿色食品认证。

推荐单位：吉林省德惠市农业局

桦川大米

产地特征：桦川县隶属黑龙江省佳木斯市，地处三江平原，北靠松花江，境内河流密布、环境清新。属暖温带大陆性季风气候，夏季高温多雨，昼夜温差大，有利于农作物干物质积累。主要土壤为草甸土、黑土和水稻土，土层深厚、肥沃，有机质含量高，适宜水稻生长。

产品特性：主要栽培龙粳系列、垦鉴系列品种，全生育期130天左右，抗逆性强，出米率高。颗粒饱满，晶莹透亮，表皮黄色，脱皮后呈白色。富含维生素B_1、维生素B_2、维生素B_6以及钙、铁、硒等微量元素。米饭质地绵软，适口性好，油润而富有弹性。

据桦川县志记载，20世纪20年代，当地农民试种水稻成功。2013年，全县种植水稻面积110万亩，总产量55万吨。核准注册国家地理标志产品。

推荐单位：黑龙江省桦川县农业局

延寿大米

产地特征：延寿县位于黑龙江省东南部，属中温带大陆性季风气候。年均气温2.6℃，土壤肥沃，为典型水稻土，含硒、锌、铁等多种微量元素，适宜优质水稻生产。

产品特性：主要栽培品种是稻花香、垦稻12（粳稻），全生育期125天左右。富含碳水化合物、蛋白质、脂肪、维生素及矿物质等营养元素。米粒粗长饱满，晶莹剔透。蒸饭口感醇香。

延寿县水稻种植已有80多年历史。据《延寿县志》记载，1923年开始在洼地种植水稻。2013年，全县水稻种植面积100万亩，总产量55万吨。通过绿色食品和有机食品认证。

推荐单位：黑龙江省延寿县农业局

庆安大米

产地特征：庆安县位于世界三大黑土地之一的黑龙江省中部，地处富饶的松嫩平原与美丽的小兴安岭交汇处，三面环山、九河汇流、七河发源。属中纬度大陆性温湿季风气候，昼夜温差大。土地开垦仅有百年历史，土壤肥沃，富含硒、锌、铁等多种微量元素。

产品特性：主要栽培龙粳和绥粳系列品种，全生育期130天。米粒细长，色如茉莉，晶莹剔透。富含淀粉、蛋白质、脂肪、维生素及多种矿物质等营养元素。蒸煮时散发出扑鼻香味，口感清香柔软，油润富有弹性，松软香甜，糯而不腻，回味绵长。

庆安县是全国水稻生产大县，2013年，全县水稻种植面积150万亩（其中绿色食品水稻基地100万亩），总产量85万吨。核准注册国家地理标志产品，通过绿色食品和有机食品认证。

推荐单位：黑龙江省庆安县农业局

绥滨大米

产地特征： 绥滨县位于黑龙江省东北部，松花江与黑龙江汇流夹角地带，土壤肥沃，有机质含量高；水质清纯，水利条件好；纬度高，昼夜温差大，适宜优质水稻生产。

产品特性： 主要栽培绥粳4号香粳品种，生育期134天。米粒细长，晶莹剔透。富含淀粉、蛋白质、脂肪、维生素及多种矿物质等营养元素。蒸煮时香味浓，饭粒表面油光，口感绵软略黏，微甜，略有韧性。

绥滨县水稻种植始于1964年，20世纪80年代以来水稻面积逐年增加。2013年，全县种植面积120万亩，总产量66万吨。核准注册国家地理标志产品，通过有机食品认证。

推荐单位： 黑龙江省绥滨县农业局

梧桐河大米

产地特征：梧桐河大米产于黑龙江省梧桐河农场。农场位于黑龙江省东部的三江平原，地势低平。降水适中，日照充足，昼夜温差大。土壤肥沃，有机质含量高，适宜优质稻米生产。

产品特性：主栽品种为龙粳31，全生育期130天左右。颗粒饱满，晶莹透亮。富含淀粉、蛋白质、脂肪、维生素及多种矿物质。饭粒油亮，香味浓郁，咀嚼有微甜感觉，有弹性，口感好，不回生。

梧桐河农场曾是东北抗日联军的根据地，有60多年种稻历史。2013年，种植面积23.5万亩，产量14.8万吨。获得国家农产品地理标志登记，为黑龙江省著名商标。

推荐单位：黑龙江省农垦宝泉岭管理局农业局

建湖大米

产地特征：建湖县位于江苏省苏北里下河腹地，黄海之滨，背倚苏北平原，水网密布，素有“水乡明珠”之美称。气候温和，雨量充沛，光照充足，土壤肥沃，适宜水稻生长。

产品特性：主要栽培武育粳系列品种，全生育期155天左右。含有淀粉、蛋白质、多种氨基酸及钙、铁、锌等人体不可缺少的微量元素。米粒整齐，自然珍珠色，圆润，晶莹透亮。蒸煮有黏性，口感绵软香甜，清香四溢。

建湖县是传统的鱼米之乡，江苏省重要的优质粮食生产基地。建湖大米产自里下河湖荡湿地，2013年，全县种植面积约 70 万亩，总产量约46万吨。核准注册国家地理标志产品。

推荐单位：江苏省建湖县农业委员会

洪泽湖大米

产地特征：洪泽县位于江苏省西北部，为黄淮冲积平原。属北亚热带和暖温带过渡性地带，具有季风性和兼受洪泽湖水体调节的气候特点。四季分明，气候温和，无霜期长，雨量充沛，日照充足，土壤肥沃，适宜优质水稻生产。

产品特性：主要栽培武育粳、淮稻5号类型品种，全生育期120～150天。米粒椭圆形，腹白小，光润圆滑，色泽晶莹。蒸煮时散发出淡淡清香味，米饭晶莹剔透，口感绵甜，柔软滑润，有弹性和韧性。

洪泽县因洪泽湖而闻名于世，是传统的鱼米之乡。稻谷种植历史悠久，早在唐代就是农业富庶之地。2013年，全县种植面积40万亩，总产量24万吨。通过绿色食品认证，为江苏省著名商标。

推荐单位：江苏省洪泽县农业委员会

金坛大米

产地特征：江苏省金坛市地处长江下游流域，素有“鱼米之乡”之称，稻米生产历史悠久。四季分明，夏季降水量充沛，日照充足。以腐殖质黑黏土为主，土壤肥沃，含钙、铁、锌、硒等多种微量元素，适宜优质水稻生产。

产品特性：金坛大米为粳型软米品种，耐肥，不早衰，再生能力强，属晚季型。富含维生素、蛋白质、氨基酸及多种微量元素，钙含量高。谷粒椭圆形，色泽鲜亮；米粒半透明，色如白玉。米饭口感滑腻，柔软润泽，香气浓郁，适口性好。

据《金坛县志》记载：“金坛设县于隋，物产之特殊者有秜稻、茶叶”。金坛盛产大米，尤以味香性黏的“标糯”闻名遐尔。“标糯”曾获1931年巴拿马国际博览会金质奖，并在1958年斯里兰卡科伦坡国际稻谷展览会展出。2013年，全市种植面积约30万亩，总产量19万吨。为江苏省名牌产品、江苏省著名商标。

推荐单位：江苏省金坛市农林局

南陵大米

产地特征：南陵县位于安徽省南部，归芜湖市所辖，地处皖南低山丘陵向沿江平原过渡地带。属亚热带湿润气候，四季分明，气候温和，日照充足，雨量充沛。土壤以水稻土、黄红壤、潮土为主，土种主要是沙泥田和泥滑填土种，土壤耕层厚，有机质含量高。

产品特性：南陵县种植的水稻品种较多，马坝小占和武运粳7号是优质稻品种。马坝小占属晚籼稻，具有粒型小、外观亮滑、晶莹剔透、膨胀度适中、延伸性较强、口感松软爽口的优良品质特征。武运粳7号属晚粳稻，米粒透明有光泽，整精米率高，支链定粉含量高，延伸性较强，胶稠度高，黏弹性较强，软硬适中，热饭喷香，冷饭有柔韧性，不回生。

近年来，马坝小占种植面积为5万亩，总产2万吨；武运粳7号种植面积20万亩，总产10万吨；两个品种均获得国家农产品地理标志登记。

2008年，中国农业出版社出版的《安徽稻作学》有关于“1985年在南陵县葛林遗址13号土墩中，发现有西周晚期的稻谷”的记载。直到近期，农民在春季开始栽秧前，还有“开秧门”的习俗，放爆竹，烧稻草，祭祀稻神，祈祷丰收。

推荐单位：安徽省南陵县农业委员会

沱河大米

产地特征：五河县位于安徽省东北部，境内水网密布，有“五河”、“三湖”、“一水库”。水质无污染，地势低洼，土壤肥沃，含钾、钙、铁、镁等多种微量元素，具有种植优质水稻的天然条件。

产品特性：主要栽培品种为丰二优，米粒细长，色泽晶莹透明，似白玉般成晶体状。煮熟后自然清香，油光亮丽，柔软有筋，黏而不腻，香甜可口。

五河唐代名为古虹，明朝始称“五河”，至今900余载，自古以水稻种植为主。2013年，全县种植面积17万亩，产量10万吨。

推荐单位：安徽省五河县农业委员会

板桥大米

产地特征： 板桥大米主产于安徽省绩溪县北部低山丘陵区的板桥头乡，素有“绩溪粮仓”之称。昼夜温差大，稻谷生长周期长。土壤为麻沙泥田、青麻沙泥田，肥力中等。

产品特性： 主要栽培品种为新两优6号，株型适中，叶色浓绿，全生育期140天左右。长粒型，色泽洁白，口感松软香醇，营养丰富。

旧时有绩溪十五都之说，板桥一带古属“绩溪二都”。至今县域内还流传着一首民谣：“一都柴，二都米，三都姑娘四都被”，生动形象地反映了板桥大米的知名度和美誉度。2013年，种植面积1.6万亩，产量8 960吨。通过绿色食品和有机食品认证。

推荐单位： 安徽省绩溪县农业委员会

芜湖大米

产地特征：芜湖县地处安徽省东南部长江中下游南岸平圩区，梅雨季节分明，土壤含有丰富的天然有机硒、锌等微量元素。

产品特性：主要栽培地方品种大头籼（民间称之为麻壳籼），由全国劳动模范杨良金精心培育，命名为“罗莎”，具有耐肥、抗虫、抗病、抗倒伏等特点。有光泽，透明度好，中长粒型，米饭晶莹剔透，有韧性，口感好，属于柔软型，老少皆宜。

芜湖县水稻生产历史悠久，品质优良。三国时期孙权在芜湖屯田，自吴越至明清均产贡米。民间流传：“麻壳籼，两头尖，一人吃饭两人添”。2013年，全县种植面积10多万亩，总产量4.5万吨。为安徽省著名商标。

推荐单位：安徽省芜湖县农业委员会

桐城大米

产地特征：桐城市位于安徽省中部，长江北岸，大别山东麓。属低纬度中亚热带湿润季风气候，气候温和，四季分明，昼夜温差大，土壤肥沃，含硒、锌、铁等多种微量元素，适宜优质水稻生产。

产品特性：主要栽培丰两优系列、长粒香系列品种，全生育期135天左右。米粒细长，晶莹剔透，光亮油滑，米泛丝光。口感柔软，香味浓郁，米饭香软兼备、润滑，咀嚼有弹性而富力道。

桐城素称“鱼米之乡”，历史上种植三粒寸、杨柳籼等名特水稻品种。目前，全市种植面积76万亩，产量30万吨。获得绿色食品和有机食品认证，为安徽省名牌产品。

推荐单位：安徽省桐城市农业委员会

八斗贡米

产地特征：东阿县位于山东省西部，土地肥沃，水质优良，适宜优质水稻生产。

产品特性：栽培品种为鱼香1号，茎秆粗壮耐倒伏，籽粒短粗，外观润泽光滑，闻之有香气，蒸煮后香飘四溢，米饭口感好，嚼之有筋性。富含多种人体必需的氨基酸和矿质元素，尤其是锶、硒等微量元素含量高。

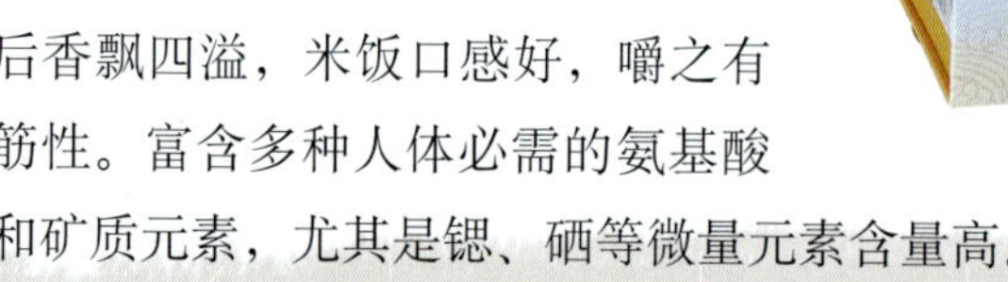

八斗贡米又名鱼山大米，历史悠久。在民间被称为鱼山寿米、八斗贡米、鱼姑米、鱼山仙米等。有“东阿王曹植施米救灾”、“鱼姑慕才送稻种”等美丽传说。通过绿色食品认证。

推荐单位：山东省东阿县农业局

明水香稻

产地特征：章丘市位于山东省济南市东北郊，属暖温带半湿润性季风气候，四季分明，雨热同季，光照充足。泉水是大自然赐予章丘最宝贵的财富，百脉泉吐玉涌翠，珍珠翻滚；梅花泉跳跃若轮，绽放如花，东麻湾、西麻湾两大群泉长年累月喷涌不断，清澈甘甜的泉水清波碧流、蜿蜒而下。明水香稻仅产于东麻湾、西麻湾两大群泉水源头附近的几个村庄，该区域地势平坦，土壤肥沃，泉水丰盈，生态环境良好。

产品特性：主要栽培大白芒、大红芒、小红芒等古老的农家品种。蛋白质含量高达9.96%，富含赖氨酸、淀粉、脂肪以及钙、磷、铁、硒等多种微量元素。米质饱满坚硬，色泽透明，油润光亮。香味浓郁，沁人心脾。

据清道光年间《济南府志》记载："稻非此地常产，历章诸处稍稍有之，其美者则以章丘明水为最"。明水香稻主产于百脉泉源头附近的砚池、湛汪、浅井等村，面积不足2 000亩，年产量600余吨。

推荐单位：山东省章丘市农业局

黄河口大米

产地特征：垦利县地处山东省东北部黄河三角洲入海口，属于暖温带半湿润季风型大陆性气候，四季分明，光照充足，昼夜温差大，土壤为滨海潮土，肥沃，适宜水稻生产。

产品特性：主要栽培圣稻13、圣稻14、津粳优180等品种。抗病、不易倒伏，米粒外观质硬、饱满，色泽晶莹透亮，粒型长方短柱状，垩白率低，整齐度好。蒸煮后饭粒完整，晶莹透亮，具有弹韧不黏、气味甘醇清香等特点，口感滑润，适口性好，具有“一家煮饭十家香”的美誉。

2013年，全县种植面积5万亩，总产量2.75万吨。

推荐单位：山东省垦利县农业局

竹溪贡米

产地特征：竹溪县位于湖北省西北部，南水北调中线水源汉水源头，属北亚热带季风气候。水稻产区平均海拔700米，昼夜温差大，以黄壤、黄棕壤和河谷冲积扇为主，土壤肥沃，含硒、锌、镁等多种微量元素，适于水稻种植。

产品特性：主要栽培冷水香玉（籼稻）品种，全生育期120天左右。米色晶莹如玉，米粒细长，形状似梭。蒸煮时散发出幽竹浓郁香味，口感清香柔软，润而不腻。

684年，唐中宗李显贬为庐陵王，流放房州（今湖北房县），途经竹溪时对品尝的竹溪大米大加赞赏，后用此米敬奉女皇武则天，即把此米封为朝廷贡米。2013年，竹溪贡米产量1万吨。核准国家地理标志产品保护。

推荐单位：湖北省竹溪县农业局

南丹巴平米

产地特征：广西壮族自治区南丹县地处云贵高原南缘、桂西北高寒山区，梯田风景如画，光照充足，雨量充沛，昼夜温差大。黏性黄泥沃土，适宜水稻生长。

产品特性：主要栽培Y两优、野香优、中浙优等系列杂交稻和桂香3号、红粳稻、中科黑糯、桂红1号等常规稻品种。巴平米鲜润光泽，透明细腻，质粒完整，米饭天然香醇，甜滑爽口，软而不黏，令人尝后不忘。

南丹巴平米为当地历代土司进献朝廷、礼赠贵客必备特产。目前，全县种植面积3万亩，稻谷总产1.5万吨。主要分布在芒场、六寨、月里3个乡镇。核准国家地理标志产品保护，通过绿色食品、无公害农产品认证。

推荐单位：广西壮族自治区南丹县农业局

东坡阴米

产地特征：重庆市忠县古名忠州，地处渝东平行岭谷褶皱带长江三峡库区腹地，属亚热带东南季风山地气候，温热凉寒，四季分明，降水丰沛，日照充足。多为夹沙土，土壤肥沃，黏沙适中，适于稻谷生长。

产品特性：东坡阴米系优质糯米加泉水适度浸泡、蒸煮至熟，阴干露晒而成。中秋至翌年清明为最佳生产时间。主要栽培本地传统优质农家糯稻品种猪毛糯，一季中稻，全生育期150天左右。米粒粗圆，形似珍珠，色泽如玉，晶莹剔透，颗粒均匀，阴色油润。蒸、煮、炒时散发淡淡清香。膨胀性强，煮时需加水7～10倍。

相传，北宋苏东坡在忠州期间，夫人王弗分娩后身体虚弱，尝试多种食疗法均不见起色。母亲程夫人将糯米蒸熟阴干制成阴米，用油炒爆，加红糖，或再加荷包蛋、醪糟。王弗食用后身体好转。其后，东坡亲做阴米美食送官员和百姓分享。东坡阴米、东坡恋糕、东坡肘子是其最爱的“三绝”。目前，全县总产3 000吨。

推荐单位：重庆市忠县农业委员会

广南八宝米

产地特征：广南县位于云南省东南部，属中亚热带高原季风气候，以红壤、黄红壤中性土质为主，肥力中上等，富含磷、钾、钙、铁、锌等多种矿物质，适于水稻种植。

产品特性：主要种植籼型常规稻广稻2号。谷粒饱满，粒尖带顶芒，易脱粒，全生育期145 ~ 165天。米粒细长，色泽光亮，白里透青。蒸煮时米汤略带青绿色，泛油光；米饭清香润口，软而不烂，糯而不腻，富有弹性，隔夜不硬。

据广南府志记载，明清时代被列为“贡米”，封为“皇粮”。目前，种植面积12万亩，年产量5.4万吨。主产于八宝、莲城、坝美等12个乡镇。先后通过绿色食品、有机食品认证，2013年被评选为“云南六大名米”之一。

推荐单位：云南省广南县农业和科学技术局

沙湖大米

产地特征：沙湖大米产地位于宁夏回族自治区中北部黄河冲积平原，昼夜温差大，雨水少，日照长。黄河两岸地势平坦，土壤肥沃，含硒、锌、铁等多种微量元素，引黄河水自流灌溉，适宜水稻种植。

产品特性：主要栽培宁粳43、96D10等品种，全生育期140～155天。颗粒饱满，晶莹剔透，质地纯正，米质油润，自然醇香。

当地水稻种植历史悠久。唐肃宗李亨盛赞当地大米“晶如玉、润如酥、味香馨”。目前，全区种植面积16万亩，总产量6万吨。是农业部农垦局确定的宁夏唯一一家质量可追溯试点单位的大米产品。

推荐单位：宁夏回族自治区银川市西夏区农牧水务局

蔚州贡米

产地特征：蔚县地处河北省西北山区南部，属北温带大陆性季风气候，农作区海拔835～1 900米，昼夜温差大，土壤以栗钙土为主，含锌、铁、硒等多种微量元素，适宜小米生产。

产品特性：主要栽培品种是冀张谷5号，耐旱、耐瘠薄，全生育期120天左右。营养价值很高，含丰富的蛋白质和维生素。色泽金黄，颗粒圆润饱满，食之滑而不涩，绵甜可口，香味持久。熬粥米粒似珠，米汤如乳，易于消化，有“参汤”之美称。

蔚县小米种植历史悠久，久负盛名，曾被宫廷列为贡米。目前，全县种植面积约20万亩，总产量3万吨。

推荐单位：河北省蔚县农牧局

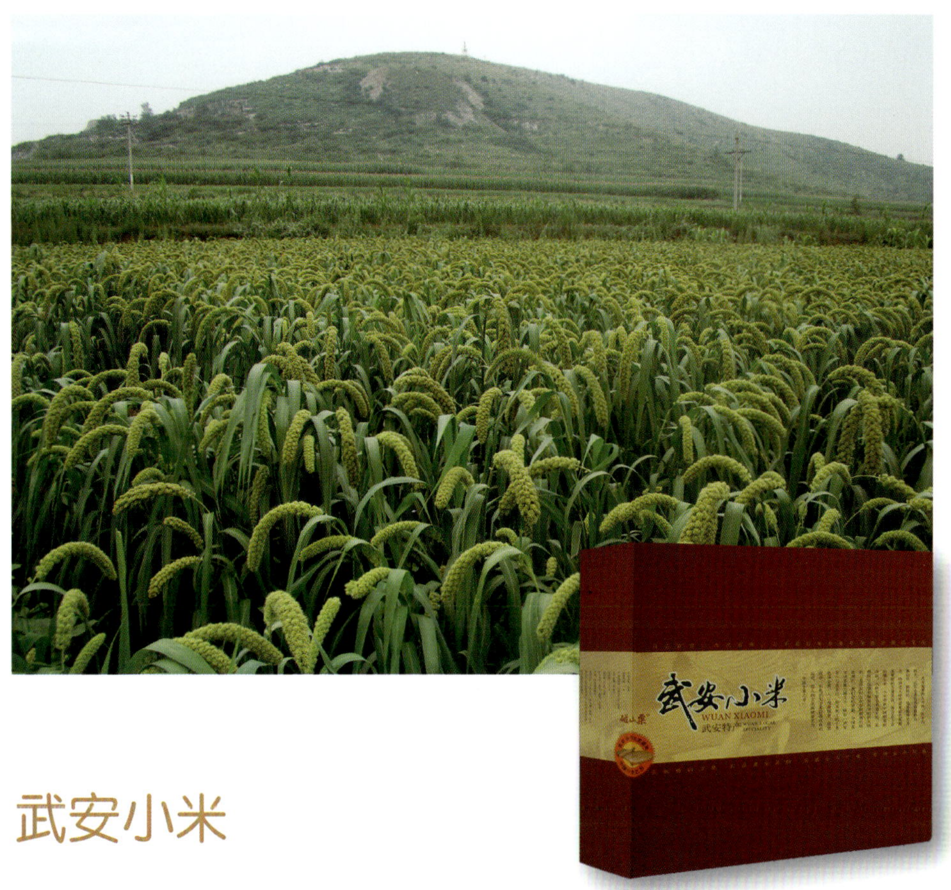

武安小米

产地特征：河北省武安市地处晋冀鲁豫交界的丘陵、山区，属大陆性季风气候。日照充足，雨热同季，旱寒同期，昼夜温差大，有效积温高，土层深厚，是矿质元素丰富的褪色土地带，生产环境无污染。

产品特性：武安小米选用河北省农林科学院谷子研究所育成的冀谷19，具有抗旱、耐涝、抗倒伏、高产等特性。谷粒红褐色，经过精细加工和石碾低温脱壳而成。其色泽金黄，米粒较小。富含人体必需的氨基酸和不饱和脂肪酸。煮粥黏香省火，入口绵甜清香。

磁山文化发掘的窖藏谷子证实了武安是粟的发源地。目前，武安市常年种植小米28万亩，总产8.7万吨。核准国家地理标志产品保护。

推荐单位：河北省武安市农牧局

孤竹小金米

产地特征： 卢龙县位于河北省东北部，以丘陵山地为主，沙壤土，有油性，无霜期180天，在谷子成熟期，秋高气爽，有利于干物质积累，适宜小米生产。

产品特性： 主要栽培当地谷子品种眼皮薄，全生育期110 ~ 125天，抗旱、抗倒伏、活秸成熟。品质好，营养价值高，含丰富的蛋白质、脂肪和维生素。米粒饱满、金黄。熬粥黏稠适度，香味浓厚，口感润滑。

卢龙县古称孤竹国，有3 600年的悠久历史，是历史上有名的冀东小杂粮生产基地。孤竹小金米因其颜色黄亮似黄金而得名。2013年，全县种植面积约2万亩，总产量4 000吨。

推荐单位： 河北省卢龙县农牧局

八旗贡米

产地特征：河北省青龙满族自治县地处燕山东段，山场广阔，海拔高，属暖温带湿润气候，年均气温8.9℃。昼夜温差大，光照充足，适宜小米生产。

产品特性：主要种植当地农家品种，米粒饱满、大小均匀，表面富有光泽呈金黄色，颜色分布均匀。富含淀粉、蛋白质、铁、钙、钾、纤维素、维生素等营养元素。甜香松软、口感上佳。

1670年，青龙县小米被清康熙皇帝封为贡米，进贡内务府。2013年，全县种植面积3万亩，总产量8 000吨。通过绿色食品认证，为河北省著名商标。

推荐单位：河北省青龙满族自治县农牧局

黄粱梦小米

产地特征：黄粱梦小米主产于河北省邯郸县西部丘陵地区。主要土壤类型是次生黄土性壤质褐土，年均气温13.2℃，全年无霜期202天，日照充足，雨热同季，适宜小米生产。

产品特性：主要栽培品种为冀谷19，夏播生育期90天左右，属中秆半紧凑型品种。米粒较小，色泽金黄，一致性好，形状正圆形，沿纵径方向有一条深黄色的粒沟。营养价值高，含丰富的蛋白质、维生素和矿物质等营养元素。香黏可口，清香宜人，米熬粥黄而黏稠，口感润滑，有“代参汤”之美誉。

据明代剧作家汤显祖《邯郸记》记载，唐开元七年的一天，卢生路经邯郸，偶遇道士吕翁，吕翁让他一枕入梦，一世荣华，至80岁断气时，卢生才一惊而醒，一切如故，店主人蒸的黄粱饭（即小米饭）还没熟哩！黄粱一梦、黄粱美梦成语由此而来。

目前，全县播种面积3万亩左右，产量5 000吨左右。主要分布在三陵乡、黄粱梦镇等。通过绿色食品认证。

推荐单位：河北省邯郸县农业局

龙兴贡米

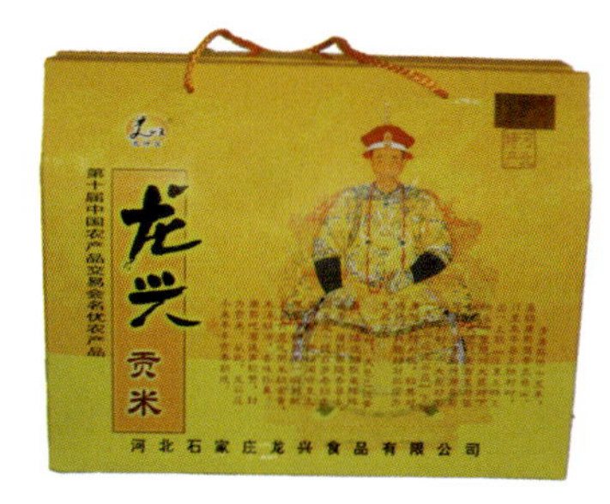

产地特征： 行唐县位于河北省石家庄市西北部，全年无霜期长，光照充足，昼夜温差大，石灰岩质红壤土，富含多种微量元素，适宜小米生产。

产品特性： 以农家品种龙兴黄为主，具有优质、抗旱、耐瘠薄等特点。米粒色泽金黄、透亮、均匀整齐，颗粒圆润饱满。含丰富的淀粉、蛋白质和维生素。熬粥米汤似油，香甜可口，回味悠长，口感上乘。

清康熙四十五年，康熙皇帝驾幸五台，行至阜平王快村时诗兴大发，出一上联“王至王快王快乐”，让随行百官对下联，众大臣苦思冥想，无人对出。当行至行唐刘兴庄时，忽然飘来阵阵米香，寻香而至，见一百岁老妇正在煮粥，老妇见皇上驾到，忙将米粥献上，皇帝喝罢，赞不绝口，一大臣见此状灵机一动，对出下联“龙至兴庄龙兴庄”，康熙听罢连声称赞，当即赐刘兴庄为龙兴庄，敕封该村小米为贡米。自此，龙兴庄小米年年贡奉朝廷，龙兴贡米的美名也流传至今。2013年，全县种植面积1.5万亩，总产量3 500吨。

推荐单位： 河北省行唐县农业局

汾州香小米

产地特征：汾阳市位于山西省腹地，属温带半干旱季风气候。无霜期在160天以上，年均气温9.6℃，昼夜温差大，日照充足，降水适中。土质多为深褐色中性土壤，有机质含量较高，保水保肥性能好，适宜小米生产。

产品特性：主推品种为晋谷40号，具有抗旱、丰产、优质等特点。颗粒圆大，色泽金黄，粒度整齐、均匀。营养价值高，含丰富的蛋白质、脂肪和维生素。制食方便，蒸煮皆宜，米饭香味浓郁，黏糊性强，口感细柔光滑，回味悠长。

相传尧帝东渡，曾在汾州石门河岸边建立行都，尧帝食用当地小米煮制的贡膳米粥后赞不绝口，便把汾州小米封为贡品。目前，全市种植面积9 000亩，产量2 000吨。汾州香小米是山西省名牌产品、著名商标，通过有机食品认证。

推荐单位：山西省汾阳市农业委员会

西回小米

产地特征：平定县位于山西省东部，与河北接壤，地形为山地和丘陵，海拔700~1 000米，年均降水量500毫米，四季分明，昼夜温差大。土壤为黄土质山地褐土，肥力中等，钾含量较丰富，适宜小米生产。

产品特性：主要种植品种为晋谷21号，具有抗旱、耐瘠、耐贮藏等特点。外观淡黄色，色泽鲜美透亮，颗粒圆润饱满。含丰富的蛋白质、脂肪和维生素。谷香味浓，单独煮熬，粥的最上层浮有一层细腻的黏稠物，即粥油。

在当地“抬黄纲”的传统习俗中，所抬的皇贡中小米是最重要的食品。相传明万历年间，崔皇后是西回人氏，初到皇宫曾带十担小米为嫁妆。嫔妃见后争相品尝，数月后个个面色红润。崔皇后特传旨：平定州西丹迴村（现名西回村）每年进贡小米。2013年，西回小米种植面积7 500亩，年加工小米2 250吨。获得国家农产品地理标志登记，通过无公害农产品认证。

推荐单位：山西省平定县名优产品开发中心

河峪小米

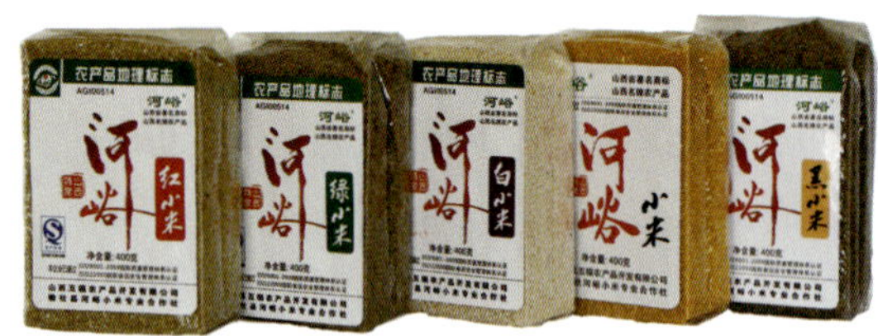

产地特征：榆社县位于山西省中部，日照充足，年均气温8.8℃，无霜期135天。年均降水量560毫米，土质多为红色黏土，含钾量高，适宜小米生产。

产品特性：品种选用晋谷21号，抗旱性强，秆强抗倒，可粮草兼用，易栽培。米粒大小均匀适中，色泽金黄发亮。营养价值高，含丰富的蛋白质、脂肪和维生素。口感绵滑，米香浓郁，黏糊性强，味道纯正，口味悠长。

据县志记载，五胡十六国时期，原赵皇帝石勒（榆社人），相传野外游猎至榆社，人困马乏，品尝河峪小米，欣然赐《食乡米》诗一首："南方食稻北食谷，舂谷作米饮易熟；色黄味甘壮士气，梁月乡箕胜麦菽。"明清时，河峪小米已为进献皇宫贡米。目前，河峪小米种植面积约2万亩，总产量约5 000吨。获得国家农产品地理标志登记，通过无公害农产品和有机食品认证。

推荐单位：山西省榆社县农业局

蒙田小米

产地特征：阿鲁科尔沁旗位于内蒙古自治区中部，赤峰市东北部，地处西拉沐沦河北岸，大兴安岭南端东麓。属中温带半干旱大陆性季风气候，四季分明，昼夜温差大，日照充足，雨热同期，耕地以山旱坡地为主，肥力适中；畜牧业发达，农家肥丰富，适宜小米生产。

产品特性：主要栽培本地品种金苗，米粒黄偏白，含有丰富的矿物质和维生素B_1、维生素B_{12}等营养元素。适宜蒸饭熬粥，口感较好。

目前，全旗种植面积约2.5万亩，总产量5 400吨。基地种植施用农家肥，采用传统工艺加工。2012年获得第十届中国国际农产品交易会金奖。

推荐单位：内蒙古自治区阿鲁科尔沁旗农业局

乾安黄小米

产地特征：乾安县位于吉林省西北部的风沙干旱盐碱区，属温带大陆性季风气候。土壤呈弱碱性，富含碳酸钙、氮、磷、钾等元素。特有的土壤特点和土地全年冻化交替、干湿更迭，杜绝了多种霉菌的滋生，生产出独具特色的乾安黄小米。

产品特性：主要种植白沙971、大头黄、金谷2号等品种。籽粒圆形，米粒饱满、色泽金黄、手感光滑沉实。富含蛋白质、淀粉、维生素、矿物质等营养元素。小米饭入口绵甜爽滑，香味浓郁；小米粥黄黏适口，唇齿留香。

乾安县种植黄小米已有近百年历史。近年来，全县种植面积19.5万亩，年产量4万多吨。

推荐单位：吉林省乾安县农业和畜牧业局

红石砬小米

产地特征：红石砬小米产区位于吉林省农安县松花江畔、红石地域，松花江、饮马河和伊通河穿境而过，空气清新，水质纯净，土壤肥沃，深层土质呈棕红色，富含微量元素和多种矿物质，适宜小米生产。

产品特性：主要种植公谷68、公矮2号、公矮5号等品种，具有优质、高产、抗病性强等特点。米粒圆滑饱满、黄金透亮。营养价值高，含丰富的蛋白质、维生素和矿物质。入口柔软、黏而不黏口，用砂锅焖出的米饭和熬出的米汤醇香可口。

据史料记载，清乾隆五十六年，朝廷招垦，在当地试种五谷，因粟“保岁易为”，长势良好，色黄、味香，且因深层土质呈棕红色而得名“红石砬”，并一直沿用至今。

推荐单位：吉林省农安县农业局

托古小米

产地特征：肇州县位于黑龙江省西部、松嫩平原腹地，地处寒地黑土区域。属温带大陆性季风气候，四季分明，日照充足，土质肥沃，有机质含量高，适宜小米生产。

产品特性：主要栽培御品红谷地方品种。色泽深黄，米粒饱满圆润。蛋白质、氨基酸以及钙、铁、磷、锌、硒等微量元素含量高。成粥后色泽鲜亮，粥油黏稠，味醇清香，回味悠长。

2013年，全县种植面积2万亩，年产量2 000吨。通过绿色食品和有机食品认证，为黑龙江名牌产品。

推荐单位：黑龙江省肇州县农业局

古龙小米

产地特征：肇源县位于黑龙江省西南部，属北温带大陆性气候，昼夜温差大，年降水量450～650毫米。土壤以黑钙土、黄沙土为主，土层深厚，有机质含量高，适宜小米生产。

产品特性：主要栽培132、龙谷25、龙谷33等品种。营养价值高，含丰富的蛋白质、维生素和矿物质。籽粒饱满、圆小，色泽金黄、油亮，大小均匀。口感糯软，饭香浓郁，煮制后黏度高，颗粒状态好。

肇源县谷子种植历史悠久。据县志记载，清康熙四年（1665年），沿驿站传至宫廷，成为皇家贡米。2013年，全县种植面积20万亩，产量6万吨。古龙小米以其独特的品质，远销美国、泰国、日本、新加坡等国家。获得国家农产品地理标志登记，通过绿色食品认证。

推荐单位：黑龙江省肇源县农业局

八家子小米

产地特征： 双城市位于黑龙江省哈尔滨市之南，地势平坦，土质为黑色腐殖土，富含硒等微量元素，四季分明，雨热同季，适宜小米生产。

产品特性： 主要栽培龙谷系列品种，全生育期120天。米粒色泽金黄、晶莹光滑整齐。营养价值高，含丰富的蛋白质、脂肪和维生素。饭香浓郁，口感好，风味独特。

八家子小米种植历史悠久，早在清乾隆年间就享有盛誉。通过有机食品认证，评为黑龙江省消费者最喜爱的100种绿色有机食品。

推荐单位： 黑龙江省双城市农业局

龙山小米

产地特征：章丘市位于山东省济南市东北郊，属暖温带半湿润性季风气候，四季分明，雨热同季，光照充足。土壤为山前洪积土，土层深厚，质地肥沃，适宜小米生产。

产品特性：主要栽培东路阴天旱品种，米色金黄，籽大粒圆。蛋白质含量高，富含淀粉、脂肪、维生素及多种矿物质。性黏味香，煮稀饭时，表面有一层黄亮的米质油，入口香黏，食之味美。

龙山小米种植历史悠久，据今已有2 000多年的栽培历史，为我国古代“四大名米”（金乡“金米”、山西“沁州黄”、河北“桃花米”）之一。据清《国朝名臣》记载，龙山小米在乾隆年间被选为皇室贡米。目前，全市种植面积3万亩，年产量6 000吨。

推荐单位：山东省章丘市农业局

延安小米

产地特征：陕西省延安市地处西北内陆黄土高原，属中温带大陆性半干旱季风气候，光照充足，昼夜温差大，土壤以黄绵土为主，土层深厚，通气性好，养分及矿物质含量高，适宜小米生产。

产品特性：主要栽培晋谷21号、延谷13号等中晚熟春谷品种，全生育期120 ~ 135天。延安小米色泽金黄，颗粒浑圆，晶莹明亮，黏糯芳香。焖成干饭，香甜松软，越嚼越香；煮成粥则柔滑爽口，清香四溢，回味悠长。

延安小米种植有7 000余年的历史，史书有“县民世代以其为主食”的记载。延安小米因中国共产党用“小米加步枪”夺取中国革命胜利而驰名中外。目前，全市种植面积30万亩，总产量4万吨。核准注册国家地理标志产品。

推荐单位：陕西省延安市农业局

米脂小米

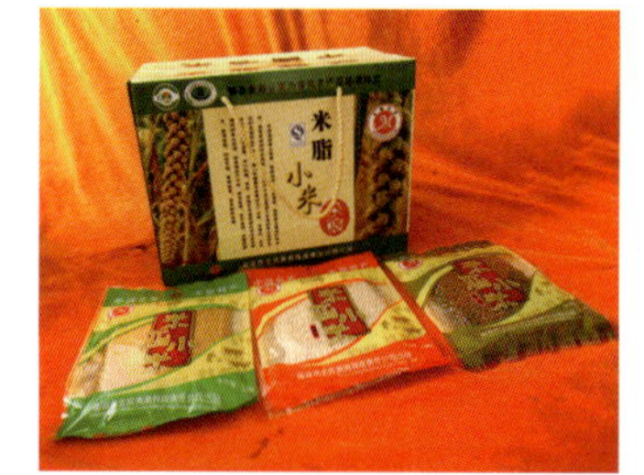

产地特征：陕西省米脂县地处中温带半干旱性气候区，平均海拔1 049米，气候干燥，冬长夏短，四季分明，春季多风，日照充沛，昼夜温差大。以山地红黄壤为主，土壤肥沃，含硒、锌、铁等多种微量元素，适宜小米生产。

产品特性：主要栽培晋谷系列、张杂谷等优良品种，全生育期120 ~ 140天。颗粒浑圆，甘润脂滑，质黏味醇。蒸煮后散发出茉莉香味，油润富有弹性，吃起来松软香甜，糯而不腻。

米脂小米，誉满全国。目前，全县种植面积10万亩，总产量2万吨。获得国家农产品地理标志登记。

推荐单位：陕西省米脂县农业局

花寨小米

产地特征：甘肃省张掖市甘州区地处祁连山北麓，属大陆性气候，沿山冷凉，平均海拔高，地势平坦，昼夜温差大，日照长，空气干燥，土壤肥沃，富含硒、锶等微量元素。引祁连山冰雪水和山泉水浇灌，适宜小米生产。

产品特性：花寨小米种植本地农家品种，生育期180天左右。米粒大小均匀，颜色金黄，富有光泽，米香浓郁，熬出的粥色泽金黄，喝起来甘香清润。

据中国科学院考证，甘州区已有5 000多年谷子种植历史。相传公元121年，霍去病攻打匈奴，途径祁连山脚下，当地百姓送花寨小米等犒劳将士，此后，花寨小米被选为贡米。目前，花寨小米种植面积7万亩，总产量3.5万吨。通过有机食品认证，为甘肃金奖农产品。

推荐单位：甘肃省张掖市甘州区农牧局

武功紫红米

产地特征：芦溪县位于江西省西南部的武功山北麓，是国家级重点自然风景名胜区。属低纬度中亚热带湿润季风气候，平均海拔800米，昼夜温差大，土壤肥沃，含硒、锌、铁、钙等多种微量元素，适宜优质水稻生产。

产品特性：主要栽培武功紫红米类型品种，全生育期135～140天。蛋白质含量高达9.2%，富含铁、锌、钙等多种微量元素以及17种氨基酸。成品为天然紫红色，色、香、味俱全，人称“七高”营养米。

武功紫红米是武功山旅游区游客喜爱的旅游产品。2013年，全县种植面积1.5万亩，产量7 500吨。通过绿色食品和有机食品认证。

推荐单位：江西省芦溪县农业局

缙云薏米仁

产地特征：缙云是浙江省西南部的山区县，属中亚热带季风气候区，境内地势高差悬殊，气候、植被、耕作制度等垂直分布明显。主要有黄泥田、山地黄泥田和培泥沙田等土壤。薏米在海拔1 000米以下地区均有种植。

产品特性：种植当地农家品种，幼苗红色或浆红色，后变深绿色。果实外稃白色，颖果为淡黄色，呈宽卵形；腹面中央有沟，脱壳后胚乳呈乳白色，断面玉白色，粉性略糯。薏米的营养价值较高，味甘淡，性微寒，有健脾利湿、清热排脓之功效。煮后汤呈乳白色，略带清香，无渣，味微甜。

在元至正八年（1348年）编撰的《仙都志》中就有缙云“薏苡仁”的记载。2013年，全县种植面积7 000亩，总产1 750吨。获得国家农产品地理标志登记，通过无公害农产品认证。

推荐单位：浙江省缙云县农业局

佤寨荞

产地特征：西盟县地处云南省西南，属中高山峡谷地带，降水充沛，立体气候特征明显。赤红壤土，肥力中等，富含镁、锌、硼等微量元素，适宜苦荞生长。

产品特性：佤寨荞主要种植当地农家品种，是介于苦荞和甜荞之间的一个亚种，属苦荞类，茎、叶、花都具有苦荞的特点。籽粒褐黄色，多为椭圆形或圆形，大小均匀，皮光滑，较脆，易于分离；味微苦凉，可单独熬粥，也可按比例与大米混煮。

目前，全县种植面积2.7万亩，产原粮约1 500吨，产米520吨。通过无公害农产品认证。

推荐单位：云南省西盟佤族自治县农业和科学技术局

摩梭红米

产地特征：宁蒗县地处云南省旅游景区泸沽湖畔，平均海拔2 680米，日照时间长，昼夜温差大。主要为红沙壤土和黑沉沙壤土，钙、镁等微量元素丰富。种植区域四周高山环抱，形成小盆地区域性气候，号称“世界水稻种植的屋脊”。

产品特性：主要种植摩梭人从大白谷和小白谷等地方品种选育的优良稻种，抗寒、抗病虫害能力强，对高原冷凉性气候适应性较好，全生育期180天。外型属小颗粒、中长型米粒，色泽红润，米粒均匀整齐，温润微透，富含淀粉、多种维生素和微量元素。口感软糯顺滑、微甜，气味清香适中。

宁蒗种植水稻有上千年历史。目前，全县种植面积3万亩，产量9 000吨。

推荐单位：云南省宁蒗彝族自治县农业局

高良苡仁

产地特征：云南省师宗县属典型的低热河谷槽区，全年无霜，雨量充沛，以红壤为主，土壤肥沃，呈碱性，适宜薏苡种植。

产品特性：高良薏苡以优质高产黑壳小粒黏糯型苡仁为主要品种，全生育期200天左右。苡仁色白、饱满、圆润、光滑，味甘淡。营养丰富，富含人体必需的8种氨基酸、亚油酸和钙、磷、铁、锌等。

2013年，全县薏苡种植5万亩，总产量1.3万吨。获得国家农产品地理标志登记。

推荐单位：云南省师宗县农业局

黑尔糯米

产地特征：师宗县位于云南省东部，黑尔糯米产地位于南盘江下游。全年无霜，日照长，雨量充沛。属潜育型灰砂泥水稻田，平坦肥沃，宜耕性好，水源丰富，适宜水稻种植。

产品特性：黑尔糯谷属地方原始物种，全生育期180天。不耐肥，依靠土壤肥力供给，顺其自然生长。米粒白大，糯性十足，丰满圆润，晶莹剔透。糯米饭油光闪亮，黏合柔韧，浓香四溢。

黑尔糯谷种植历史悠久。清乾隆年间为皇家贡米。目前，种植面积1.5万亩，总产量8 250吨。

推荐单位：云南省师宗县农业局

金沙薏米

产地特征：仙游县地处福建省西南部，属亚热带海洋性季风气候。地势平坦、耕地肥沃，适宜薏米生产。

产品特性：金沙薏米富含蛋白质、脂肪、维生素B_1等营养元素，尤其是维生素B_1含量较高，每100克含有33微克。粒果腹沟深，粒圆，外观颜色鲜艳，煮熟时色清，不烂碎，颗粒富有弹性。

仙游县薏米种植历史悠久，明代为朝廷贡品。目前，全县种植面积1.5万亩，生产薏米谷6 000吨，加工优质薏米仁3 400吨。核准注册国家地理标志产品，通过绿色食品认证，为福建省名牌农产品。

推荐单位：福建省仙游县农业局

金北联红小豆

产地特征：北京市房山区地处华北平原与太行山交界地带，有大小河流13条。属温带大陆性气候，年均气温为11.9℃，年均降水量582毫米，年均无霜期202天，适合红小豆种植。

产品特性：主要栽培品种为京农2号、京农5号、京农6号、京农001等，具有高产、早熟、抗逆耐旱、耐密植、株型直立、便于机械化作业等特点。富含淀粉、蛋白质、糖类等营养元素。豆粒赤红发暗，蒸后呈粉沙性，有独特的香气，常用来做成豆沙，适合做各种糕团面点的馅料。

我国是红小豆的原产地，《神农本草经》中就有关于红小豆的药用记载。《齐民要术》中已详载红小豆的栽培方法和利用技术。房山区红小豆种植历史悠久，目前，种植面积约3万亩，总产量4 500吨。获得第八届中国国际农产品交易会金奖。

推荐单位：北京市房山区农村工作委员会

井陉红小豆

产地特征：井陉县位于河北省太行山东麓，属温带大陆性季风半湿润半干旱气候。全县年均降水量为542毫米，年均温度12.9℃，昼夜温差大。土壤为褐土，肥力中等，铁、锌含量较高。

产品特性：主要栽培品种冀红2号和冀红8937，产量高，籽粒整齐饱满，粒形短圆，粒色鲜红。色鲜、味甜、皮薄。富含淀粉、蛋白质、矿物质等多种营养元素。蒸后呈粉沙性，有独特香气，主要用于做豆沙。

红小豆在井陉县有悠久的栽培历史，是该县的特色农产品。目前，全县种植面积10万亩，总产量1.72万吨。通过有机食品认证。

推荐单位：河北省井陉县农业畜牧局

界江红红小豆

产地特征：界江红红小豆产自宝泉岭农场二九〇分场，分场位于黑龙江、松花江两江汇合处的三角洲地带，北靠黑龙江，与俄罗斯一江之隔。地势低平，土壤肥沃，有机质含量高。昼夜温差大，降水适中，日照充足，适宜优质红小豆生产。

产品特性：主要栽培农安红、日本红、吉林红等品种。籽粒饱满，深红色，白脐，皮薄，粒形整齐，大小均匀。主要营养元素有淀粉、蛋白质、维生素和多种矿物质。蒸煮做粥时，色泽红润，口感软滑稠黏，香糯爽口。

界江红红小豆种植历史不长，但发展势头迅猛。2013年，种植面积约8万亩，总产量1.4万吨。获得国家农产品地理标志登记，为黑龙江省名牌农产品。

推荐单位：黑龙江省农垦宝泉岭管理局农业局

扎鲁特绿豆

产地特征：扎鲁特旗位于内蒙古东部科尔沁草原深处，以山地平原为主，属干旱、半干旱大陆性季风气候，夏季雨热同期，秋季昼夜温差大，四季分明。土壤类型以栗钙土为主，肥力中等，富含锌、硒等微量元素，适宜绿豆种植。

产品特性：主要品种为扎鲁特大明绿，颜色浅绿、纯正，籽粒饱满，颗粒为圆形或椭圆形，外观整齐，豆皮厚薄适中。蛋白质含量高，含多种维生素和钙、磷、铁等矿物质。

全旗绿豆年播种面积40万～60万亩，产量约4万吨。产品远销亚洲、欧洲、美洲等十几个国家。通过绿色食品认证，为内蒙古自治区名牌产品。

推荐单位：内蒙古自治区扎鲁特旗农牧业局

明光绿豆

产地特征：明光市地处安徽省东北部，属亚热带和温带的交接地带，气候温和，雨量充沛，阳光充足，无霜期较长。土壤多为沙壤土、黄白土、马肝土，爽水性能好，适宜绿豆生长。

产品特性：明光绿豆色泽晶莹碧绿，粒大皮薄，汤清易烂，清香润口，营养丰富。富含粗蛋白质、粗淀粉、钙、铁、磷、锌、硒以及B族维生素和人体必需的氨基酸。

1912年，津浦铁路通车后，江苏六合人林为普、林为晋兄弟随其父到当地做粮食生意，为日后明光绿豆扬名国内外做出了历史性贡献。明光绿豆自1915年开始出口，远销新加坡、马来西亚、日本等国家。目前，全市种植面积5万余亩，年产量3 000吨。

推荐单位：安徽省明光市农业委员会

横山大明绿豆

产地特征：陕西省横山县地处黄土高原腹地，土地辽阔，土质良好，光照充足，雨热同季，适宜豆类生长。

产品特性：横山大明绿豆5月种植，9月成熟。色泽光亮，粒型饱满、均匀。富含磷、钙、铁和蛋白质、碳水化合物等营养元素。

横山大明绿豆在国内外市场上有很高声誉，被誉为“绿色珍珠”。目前，全县种植面积25万亩，总产量1.5万吨。产品销往日本、韩国、美国等国家。

推荐单位：陕西省横山县农业局

蔚县豌豆

产地特征：蔚县地处河北省西北山区南部，属北温带大陆性季风气候，农作区海拔835～1 900米，昼夜温差大。土壤以栗钙土为主，含锌、铁、硒等多种微量元素，适宜谷物、杂粮生产。

产品特性：主要栽培品种食用麻豌豆，全生育期100天左右。主要成分包含淀粉、蛋白质、维生素A、胡萝卜素、烟酸等。豆粒外表有麻点褶皱，颜色深紫。做成豆面糊后口味独特，熬熟后香气扑鼻，略带甜意。

据《蔚县志》记载，当地种植豌豆已有2 000余年历史。2013年，全县种植面积约3万亩，总产量1 200吨。农民种植豌豆有较高的技术水平，生产的豌豆远近闻名。

推荐单位：河北省蔚县农牧局

漳平青仁乌豆

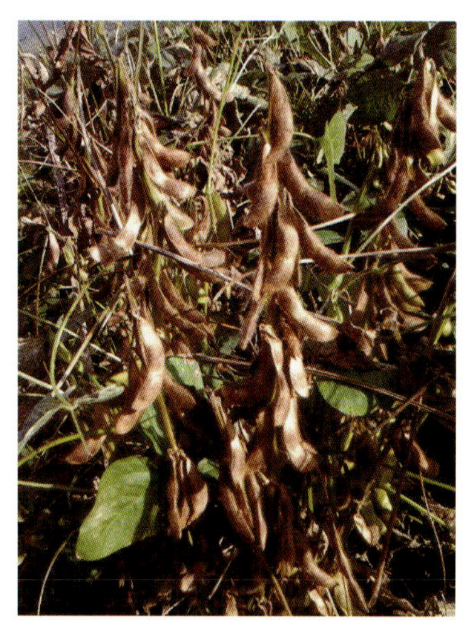

产地特征：漳平市地处福建省西南部，九龙江北溪上游，属南亚热带与中亚热带过渡区，气候温和，光热资源充足，雨量充沛。以中低山和丘陵为主，土壤疏松肥沃，适宜乌豆生长。

产品特性：主要栽培地方品种，椭圆形，种皮乌黑，脐黑褐色，内仁碧绿，浸泡及蒸煮时花青素等天然色素溶入汤汁，清煮口感软糯、清香。含有花青素、粗蛋白、可溶性糖、淀粉等营养元素。具有清肝明目、清热解毒等功效。

漳平青仁乌豆有近百年的种植历史，《漳平县志》、《漳平县农作物品种志》、《福建大豆地方品种志》等均有记载。目前，全市种植面积4 000多亩，产量650吨。获得国家农产品地理标志登记，通过绿色食品认证。

推荐单位：福建省漳平市农业局

胶河土豆

产地特征：山东省高密市位于胶东半岛中部，属暖温带半湿润季风性气候，四季分明，光照充足，气候温和，春季气温回升快，土壤疏松肥沃，适宜马铃薯生产。

产品特性：主要种植从荷兰引进的费乌瑞它品种，块茎椭圆形，个头均匀规整，皮薄，芽眼浅，皮色淡黄有光泽，黄肉，熟食口感爽口，肉质沙瓤。淀粉含量稍低，钙、铁、锌、硒、锶等含量略高。

目前，全市种植面积4.7万亩，总产量19万吨。产品出口泰国、马来西亚、新加坡、日本等国家和我国香港地区。核准注册国家地理标志产品保护，通过无公害农产品认证。

推荐单位：山东省高密市农业局

巫溪洋芋

产地特征：巫溪县地处重庆市大巴山东段南麓，属亚热带暖湿季风气候，立体气候特征明显，昼夜温差大，光照充足。种植区域主要在海拔400～1 600米地带，以黄壤和紫色土为主，少氮，富钾，缺磷，适宜马铃薯生产。

产品特性：主要栽培米拉（马尔科）等中晚熟品种，生育期105～115天。块茎长筒形，黄皮黄肉，表皮较光滑，芽眼较多，大小中等。适宜蒸、煮、煎、炸、炒、烘、炖、焖等多种烹调方式，香味独特，松软可口。

巫溪县是西南地区较大的优质商品薯生产基地之一。目前，种植面积50万亩，总产鲜薯60万吨。获得国家农产品地理标志登记，通过无公害农产品认证。

推荐单位：重庆市巫溪县农业委员会

瓜坡洋芋

产地特征：华县位于陕西省渭南市东部，属暖温带半湿润性季风气候，四季分明、光照充足。土质属油蟮土，地势平坦，土壤肥沃，结构疏松，通透性好，养分高，后劲足，适宜洋芋种植。

产品特性：主要种植克新6号、克新4号等品种，具有抗病、质优、产量高等特点。色白、个大、皮薄，扁圆形或近圆形，肉细，口感好。

2013年，全县种植面积达7万亩，总产量14万吨，主产分布在瓜坡、赤水、华州等乡镇。通过无公害农产品认证。

推荐单位：陕西省华县农业局

丰源马铃薯

产地特征：民乐县地处甘肃省河西走廊中段，属温带大陆性荒漠气候，光照充足，气候冷凉，太阳辐射强，日照时间长，昼夜温差大，病虫危害轻，有利于马铃薯优质高产。

产品特性：主要栽培大西洋和克新等品种，生育期90～110天。薯形圆，大小均匀，芽眼少且浅，利于加工。富含钾和膳食纤维、维生素C和B族维生素等营养元素。大西洋品种马铃薯适于淀粉、薯片加工，还原糖含量低，淀粉含量高，炸出薯片雪白漂亮，口感香脆，全粉品质好。克新品种马铃薯适于淀粉加工，干物质和淀粉含量均超过20%。

民乐县马铃薯种植有近400年历史。目前，种植面积25万亩，产量60万吨。通过无公害农产品认证。

推荐单位：甘肃省民乐县农业委员会

天目小香薯

产地特征：临安市地处浙江省西北山区，属亚热带季风气候，温暖湿润，四季分明。小香薯一般种植于冲积平地或低丘缓坡地带，土壤以酸性红壤为主，疏松、肥沃，适宜优质小番薯种植。

产品特性：主要栽培农家品种心香小番薯，全生育期约80天，一年可种两季。薯块大小在30 ~ 180克，长椭圆形，红皮黄心。主要成分有淀粉、糖分、膳食纤维、蛋白质和维生素等。以蒸、烤烹调为主，口感粉、甜、香、细腻，色如蛋黄，以色泽均匀、无筋为佳。

临安市从2002年开始引进种植小番薯，种植面积不断扩大，品质不断提升，产品畅销。2013年，全市种植面积1.6万亩，总产量1万多吨。

推荐单位：浙江省临安市农业局

连城红心地瓜干

产地特征：连城县位于福建省西部，属中亚热带海洋性季风气候，降水充沛，日照充足，耕层深厚，适宜甘薯生长。

产品特性：种植龙岩7-3、金山630等优良品种。产品富含赖氨酸、粗蛋白、钙质、胡萝卜素、维生素C、维生素D等多种营养元素。采用传统工艺精制而成，保留了甘薯浓郁、特有的香甜味，呈现固有的鲜艳橘红色，质地柔软细腻，有韧性。

连城县甘薯种植始于清咸丰七年，已有150多年历史，曾以“金薯片”、“金如片”作为清代贡品。目前，全县种植面积11万亩，地瓜干总产量10万吨。产品销往日本、韩国、新加坡等国家和我国港、澳、台地区。

推荐单位：福建省连城县农业局

那湖五彩薯

产地特征：阳西县位于广东省西南沿海，属亚热带海洋性季风气候，种植区域为沙壤农田，土层深厚，肥力中等，含硒、锌、铁等多种微量元素，适宜甘薯种植。

产品特性：那湖五彩薯选用广紫薯1号、广紫薯5号、广薯87以及当地俗称的九里香、黄金牛、白玉香等品种。薯块纺锤形，薯皮紫红色，富含纤维、钾、铁和维生素B_6等营养元素，具有粉、香、甜、滑、嫩等特点。

目前，全县种植面积2万亩，总产3万吨。

推荐单位：广东省阳西县农业和水务局

紫云红心红薯

产地特征：紫云县地处贵州省西南山地丘陵，属中亚热带湿润季风气候，平均海拔1 100米，中下等黄泥土，土壤质地松软，透气性好，富含硒等矿质元素，适宜红薯种植。

产品特性：紫云红心红薯原产于麻山山脉亚鲁王之乡、中草药胜地的大山苗岭中，经长期种植选育形成优良地方品种。全生育期180天左右。外观呈圆梭锥形、短纺锤长形等，皮色黄（熟时呈黄中透红），肉色橙黄至红心。生食香脆，具有板栗香味；熟食味清香甜，质地松而面，可口甜美，风味独特。

目前，全县种植面积1.5万亩，总产1.1万吨。主要分布在白石岩乡、松山镇、板当镇、猫营镇和坝羊乡等乡镇。

推荐单位：贵州省紫云苗族布依族自治县农业局

巴彦大豆

产地特征：巴彦县位于黑龙江省中部偏南，地处松嫩平原、松花江中游北岸。属温带大陆性季风气候，年均降水量578毫米，耕地主要是草甸土、黑土，土质疏松、肥沃，通透性好，适宜种植大豆。

产品特性：主要种植非转基因高蛋白品种，籽粒饱满，呈黄色，粒圆形。营养丰富，富含蛋白质、氨基酸、不饱和脂肪酸、异黄酮、微量元素等多种营养元素，是生产豆腐、豆浆的优质原料。

巴彦县栽培大豆历史悠久，金代已有种植，距今900多年，是我国野生大豆原产地保护地域。巴彦大豆因其品质好受到国内外客商的青睐。2013年，全县种植面积120万亩，总产量24万吨。获得国家农产品地理标志登记，通过绿色食品和无公害农产品认证。

推荐单位：黑龙江省巴彦县农业局

穆棱大豆

产地特征：穆棱市位于黑龙江省东南部，属中纬度温带大陆性季风气候，大豆产区海拔600米，昼夜温差大，土壤肥沃，适宜优质大豆生产。

产品特性：主栽品种是绥农4号，全生育期130天左右。穆棱大豆为非转基因大豆，籽粒饱满均匀、圆滑光亮、色泽金黄，一致性好。蛋白质含量40%以上，油脂20%左右，还含有丰富的大豆皂苷、异黄酮、亚油酸等营养元素。豆浆白中透黄、豆香味浓、无豆腥气。豆腐白中透黄、鲜嫩可口。

穆棱大豆种植历史近百年。2013年，全市种植面积约150万亩，总产量27万吨。获得国家农产品地理标志登记，通过绿色食品和有机食品认证。

推荐单位：黑龙江省穆棱市农业委员会

克山大豆

产地特征：克山县位于黑龙江省西部，为小兴安岭伸向松嫩平原的过渡地带，属温带季风气候，四季分明，夏季高温多雨，秋季昼夜温差大。属黑土区，土壤肥沃，有机质含量高，有利于大豆脂肪、蛋白质的积累，是知名的高油、高蛋白大豆生产区域。

产品特性：克山大豆是克山县区域内种植的大豆品种的总称。籽粒饱满，呈黄色，粒圆形，表面光滑。有较高食用价值，脂肪含量高于20%，氨基酸含量大于30%，富含人体所需的多种维生素和碘、硒、铁、钙、锌等微量元素。豆油口味纯正，豆腐口感细腻。

据史料记载，克山大豆种植始于清末，因其品质好而享誉海内外。目前，全县种植面积33万亩，年产量5万吨。

推荐单位：黑龙江省克山县农业局

小金黄芽豆

产地特征：小金黄芽豆产自红兴隆农场。该农场位于黑龙江省东北部，毗邻建三江，地处完达山北麓，属世界三大黑土带之一。这里的雁窝岛国家级湿地自然保护区是北大荒一颗璀璨的明珠。自然生态环境优越，昼夜温差大，光照时间长，土壤肥沃，适宜优质大豆生产。

产品特性：主要栽培品种是小粒黄豆，生育期120天左右。豆粒黄色、圆形，有光泽。主要成分是蛋白质和脂肪，营养全面。特别适宜生产芽苗菜，发芽率高，芽势强，产量高，口感清香脆嫩适口。

红兴隆农场是黑龙江小金黄芽豆主产地之一，目前，种植面积约1.2万亩，总产量1 800吨。

推荐单位：黑龙江省农垦红兴隆管理局农业局

肃宁黑花生

产地特征：肃宁县位于河北省中南部，属华北平原腹地，地形平坦、土质松软、肥沃，光照充足，适宜种植花生。

产品特性：主要种植中国农业科学院育成的黑花生品种。全生育期110～135天。黑花生果荚个头较大，籽粒饱满，外壳白色带网状纹，有光泽，籽粒黑皮白仁。主要营养元素是脂肪、蛋白质、卵磷脂、脑磷脂、维生素及钙、磷、铁等矿物质；特别含有花青苷，对心血管有益。生食脆嫩，甜感明显，回味清新；熟食香脆，有韧性。

2011年，该县引进黑花生品种，目前，种植面积5 000亩，总产量750吨。产品通过有机食品认证。

推荐单位：河北省肃宁县农业局

新昌小京生花生

产地特征：新昌县位于浙江省东部、曹娥江上游，属亚热带季风气候区，温和湿润，四季分明，土壤以玄武岩台地的红壤土为主，适宜花生生产。

产品特性：主要栽培地方农家品种，全生育期135天左右。富含脂肪、蛋白质、卵磷脂、脑磷脂、亚油酸、维生素以及钙、磷、铁等矿物质。果型小，果尖鸡嘴形；果壳薄，色泽淡黄，网眼细浅；果仁长椭圆形，种皮粉红色。香中带甜，油而不腻，松脆爽口。当地农村有“常吃小京生，胜过滋补品；吃了小京生，天天不想荤”的说法和“长生果”之美称。

新昌县花生种植历史悠久，明清时期被定为贡品。2013年，全县种植面积2.7万亩，总产量4 000吨。为浙江省著名商标。

推荐单位：浙江省新昌县农业局

乔亭小籽花生

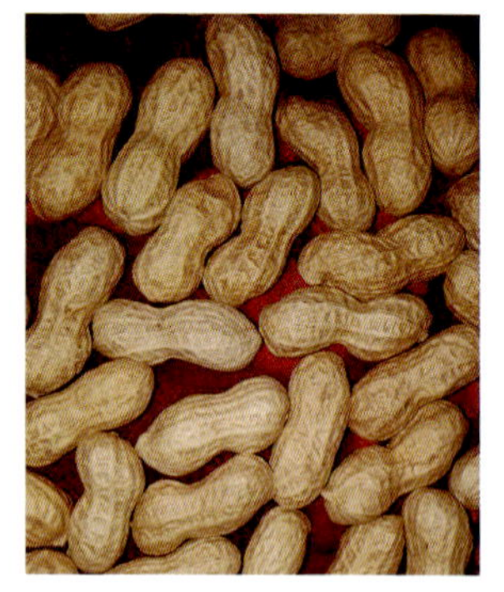

产地特征：旌德县地处安徽省南部黄山脚下，属亚热带季风气候，昼夜温差大，光照适宜，无霜期较长。土壤为沙壤，质地轻、渗透性强，适宜花生生长。

产品特性：主要栽培安徽小白沙花生品种，全生育期130天左右。花生蚕茧形，小粒荚果，果壳黄白色。果仁含蛋白质、纤维素、碳水化合物、脂肪、多种维生素、微量元素等营养元素。壳薄仁满，香而带甜，油而不腻，松脆爽口，风味独特。

旌德花生种植历史悠久。清乾隆皇帝下江南时，因乔亭小籽花生具有壳薄仁满、口感独特而将其定为贡品。2013年，全县种植面积1.2万亩，产量1 800吨。通过无公害农产品和有机食品认证。

推荐单位：安徽省旌德县农业委员会

柘山花生

产地特征：安丘市位于山东省中部，属暖温带大陆性季风气候，夏季气温高，丘陵山地，以沙壤土为主，适宜花生生产。

产品特性：主要栽培花育22号、花育25号等品种。花生果色泽亮丽、籽粒饱满。富含蛋白质、脂肪、糖类和多种维生素等营养元素。风味独特，香酥可口，香中带甜，不腻口。

据《安丘县志》记载，在明朝即有花生种植，在清乾隆年间已成为贡品。目前，种植面积8万亩。核准注册国家地理标志产品，通过绿色食品认证，获第九届中国国际农产品交易会金奖。建立了中国第一个花生博物馆。

推荐单位：山东省安丘市农业局

荣成大花生

产地特征：山东省荣成市地处胶东低山丘陵区最东端，三面濒临黄海，属暖温带大陆性季风型湿润气候，春、秋两季昼夜温差明显。产地以棕壤土为主，通透性良好，适宜花生生产。

产品特性：主栽鲁花17、鲁花10等传统大花生品种。果实洁白，缩缢明显，网纹清晰，壳薄，籽粒饱满且多为双仁果；籽仁呈长椭圆形，大而饱满，种皮呈粉红色，表皮光滑。口感香中带甜，油酸、亚油酸比值高，具有抗氧化、不变味、保存时间长等特点。

据《荣成市志》记载，荣成大花生种植历史已有200多年。2013年，全市种植面积30万亩，总产量8万多吨。通过绿色食品和有机食品认证，获得国家农产品地理标志登记，被评为2011年100个最具影响力中国农产品区域公用品牌。

推荐单位：山东省荣成市农业局

文登大花生

产地特征：山东省文登市地处胶东半岛东部低山丘陵区，土壤质地疏松，富含磷、钾、钙、镁、铁、钼等矿质元素，湿度、温度、光照适宜，有利于花生生产。

产品特性：主要种植花育22号、鲁花10号、8130等新品种。果型大，荚果网纹清晰，缩缢明显，皮果洁白，壳薄籽细且多为双仁果，籽粒呈长椭圆形，大而饱满，种皮呈粉红色，表皮光滑，口感香中带甜。

据《文登市志》记载：清末，英人从威海卫到县内，以贷款、换肥田粉、发放种子、预购等方式，推广花生种植，从此花生成为境内主要经济作物。目前，全市种植面积31万亩，产量9万吨。通过绿色食品和有机食品认证，获得国家农产品地理标志登记，被评为2011年100个最具影响力中国农产品区域公用品牌。

推荐单位：山东省文登市农业局

蕉岭黑花生

产地特征： 蕉岭县位于广东省东北部，属华南亚热带海洋性季风气候，夏长冬短，光照充足，雨季长，雨量充沛，山林植被好，空气湿度大，土壤肥沃，土层深厚，以酸性或微酸性为主，适宜花生种植。

产品特性： 蕉岭黑花生品种从外地引进，经种植选育成当家品种。荚果外壳色泽金黄，鲜果仁紫红，晒干乌黑，大小均等，呈椭圆形，一端略尖。气味清香，入口爽脆兼具韧性，味道清甜，食后回甘。富含硒、钙、钾、铜、锌、铁、锰等微量元素及人体所需的氨基酸。

蕉岭县是“世界长寿之乡”，黑花生在当地有“长寿果”的美誉。目前，种植面积5 000亩，产量1 250吨。

推荐单位： 广东省蕉岭县农业局

顺山堡子葵花籽

产地特征：长岭县位于吉林省最西部，属于松嫩平原地区，北温带半干旱半湿润气候，年均降水量470毫米，光照充足，昼夜温差大。以淡黑钙土、沙土为主，土壤肥沃，富含硒、锌、铁、钙等多种微量元素，适宜优质葵花籽生产。

产品特性：主要栽培本地品种顺山堡食用型葵花，全生育期在120天左右。富含锌、维生素E及钾、钙、磷、铁、镁等营养元素，不饱和脂肪酸含量高。粒大皮薄，种皮白色带有1～2条窄条纹，且不掉色。生食淡香微甜，养胃健脑，炒后香而不腻。

顺山堡种植葵花有近百年历史，目前，种植面积4.5万亩，总产量7 000吨。产品优质高产，远近闻名。

推荐单位：吉林省长岭县农业局

宝清大白板南瓜籽

产地特征：宝清县位于黑龙江省东北部，东西南三面环山，属寒温带大陆性季风气候，四季分明。夏季高温多雨，秋季昼夜温差大，适宜籽用南瓜生产。

产品特性：采用当地籽用南瓜品种，有面瓜和角瓜两类。板大，粒呈椭圆形，籽皮色泽雪白。颗粒饱满，皮薄仁厚。南瓜籽油中含有丰富的锌、亚油酸，营养价值高。有油脂感，瓜籽炒熟后香味浓郁，适口性强。

宝清大白板种植历史悠久，据史料记载，始于清同治年间。目前，全县种植面积15万亩，年产量1.5万吨。产品销往美国、土耳其、立陶宛等国家。核准注册国家地理标志产品。

推荐单位：黑龙江省宝清县绿色产业办公室

塔域瓜子（西瓜籽）

产地特征：塔城市位于新疆维吾尔自治区西北部，与哈萨克斯坦接壤。属中温带气候，处于海拔900米左右的线山逆温带，昼夜温差大，适宜优质打瓜生产。

产品特性：主要栽培新籽瓜1号、民籽1号等品种，易坐瓜，抗逆性、抗病性较强，全生育期95～105天。黑边白心，颗粒饱满、均匀，籽粒皮薄、板平，品质优良。香、脆、易嗑。

塔域瓜子闻名遐迩，2013年，种植面积3万亩，产量3 600吨。通过绿色食品认证。

推荐单位：新疆维吾尔自治区塔城市农业局

【茶叶类】

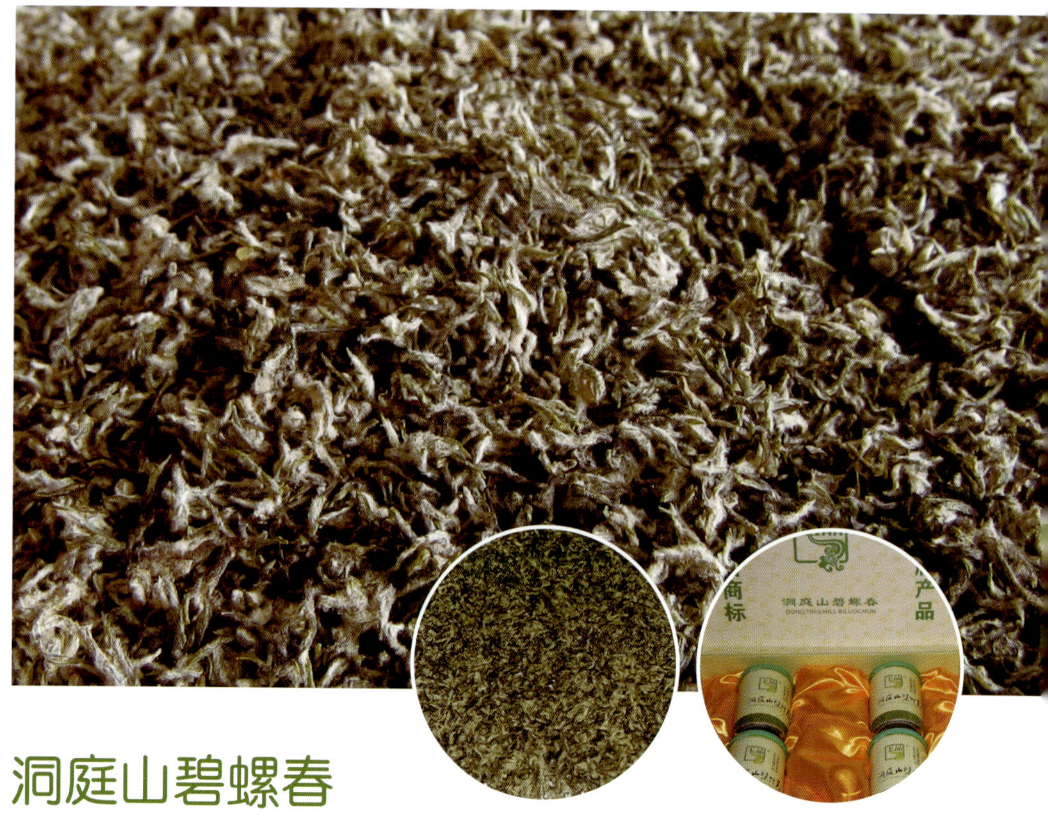

洞庭山碧螺春

产地特征：江苏省苏州市吴中区地处太湖之滨，洞庭东山、西山是太湖中的两个小岛，地处亚热带季风气候区，东山三面临水，西山四面环水。茶区内气候温和，日照充足，云雾弥漫；土壤由山丘岩石风化而成，呈微酸性或酸性，有机质、磷含量较高，适宜茶树生长。

产品特性：品种为洞庭群体种。树姿半披展或直立，叶型以小叶型为主，叶形椭圆；采摘时间在3月中下旬至4月中下旬。其条索纤细，卷曲成螺，茸毛隐覆，银绿隐翠。汤色碧绿，清香高雅，入口爽甜，回味无穷。

宋朝时作为贡茶，据朱长文《吴郡图经续记》记载："洞庭出美茶，旧入为贡……"清初洞庭茶俗称"吓煞人香"，清康熙三十八年，康熙皇帝南巡太湖，以该茶色碧形曲似螺，采于早春为由，钦定茶名"碧螺春"。2013年，全区种植面积3万亩，总产量315吨。洞庭山碧螺春制作技艺入选国家非物质文化遗产名录。

推荐单位：江苏省苏州市吴中区农业局

金坛雀舌

产地特征：金坛市地处江苏省南部茅山东麓，以低山丘陵为主，属北亚热带季风气候区，境内土壤肥沃，有机质丰富，呈弱酸性黄棕壤，适宜茶叶生产。

产品特性：品种以浙农113、龙井长叶、龙井43、福鼎大白及鸠坑种等为主。采摘时间在3月下旬至4月中下旬。外形扁平挺直，条索匀整，形似雀舌，色泽绿润，每500克干茶有茶芽4万左右，泡后，茶芽立于杯中。香气清高，色泽绿润，滋味鲜爽，汤色明亮，叶底嫩匀成朵明亮。

全市茶叶种植面积4.1万亩，2013年总产量650吨。据《金坛县志·地志》记载，“金坛设县于隋，物产之特殊者，有嵇稻、茶叶”。获得国家农产品地理标志登记，为江苏名牌产品和江苏省著名商标。

推荐单位：江苏省金坛市农林局

茅山青锋

产地特征：江苏省金坛市地处茅山东麓，属典型的亚热带季风气候，种植茶园的土壤为浅红色或棕红色，呈酸性，适宜茶叶生产。

产品特性：品种为龙井长叶、浙农系列、福鼎大白茶无性系良种以及楮叶种。茶叶开采从3月中下旬开始。其色泽绿嫩，挺秀均整，平直略扁，犹如青锋短剑。香气高爽，汤色清澈，明亮，滋味鲜醇，叶底嫩匀。

《金坛县志·地志》记载："金坛设县于隋，物产之特殊者，有嵇稻、茶叶"。隋唐时，茶叶已成为金坛特产。2013年，全市茶叶种植面积4.1万亩，总产量650吨。产品曾多次获得全国性奖项。

推荐单位：江苏省金坛市农林局

太湖翠竹茶

产地特征：太湖翠竹茶产地位于江苏省无锡市北镇八士斗山，是江南生态保护较为完整的区域之一，具有得天独厚的自然条件，素有“斗山弯弯十里长，山美水美茶香”的美称。气候类型属于亚热带季风海洋性气候，温和湿润，四季分明，光照充足，雨热同季，茶园生长区土壤呈红色，酸性，适宜茶叶生产。

产品特性：太湖翠竹干茶形如竹叶、扁平挺秀、色泽翠绿；香气清高、滋味鲜醇，汤色浅嫩绿、清澈明亮；叶底嫩绿匀整，风格独特，冲泡在杯中，嫩绿的茶芽徐徐伸展，形如竹叶，亭亭玉立，似群山竹林。

2013年，种植面积600亩，总产量15吨。产品曾多次获得全国性奖项。

推荐单位：江苏省无锡市锡山区农业局

天目湖白茶

产地特征：江苏省溧阳市属于中亚热带北缘过渡季风型气候，四季分明，春季温凉多雨，全年日照充足，雨量充沛，无霜期长。具有春夏季雨热同步、秋冬季光温互补的特点。茶区主要分布在天目湖周围，以山地和丘陵地为主，土层深厚；呈酸性反应，且不渍水，适宜茶树生长。

产品特性：外形细秀略扁，色泽绿润、透显金黄；内质香气栗香馥郁，汤色鹅黄、清澈明亮，滋味鲜爽且醇，叶张玉白、茎脉翠绿。

溧阳种茶的历史始于宋元，兴于明清，盛在当代。2013年，全市天目湖白茶种植面积2.5万亩，总产量200吨。白茶茶样先后多次在省级以上名优茶评比中获奖，为江苏省名牌产品。

推荐单位：江苏省溧阳市农林局

无锡毫茶

产地特征：无锡市位于江苏省南部。无锡毫茶产地濒临太湖，茶树生长于沿湖低山丘陵间，自然环境优越。

产品特性：条索卷曲，肥壮绿翠，白毫披覆，香高味浓，喉有回味，色泽明亮，叶底肥嫩。

无锡毫茶创制于1976年。目前，生产面积8 000多亩，产量300多吨。曾多次在全国名茶评比中获奖。为江苏省名牌农产品、江苏省名牌产品，江苏省著名商标。

推荐单位：江苏省无锡市滨湖区农林局

安吉白茶

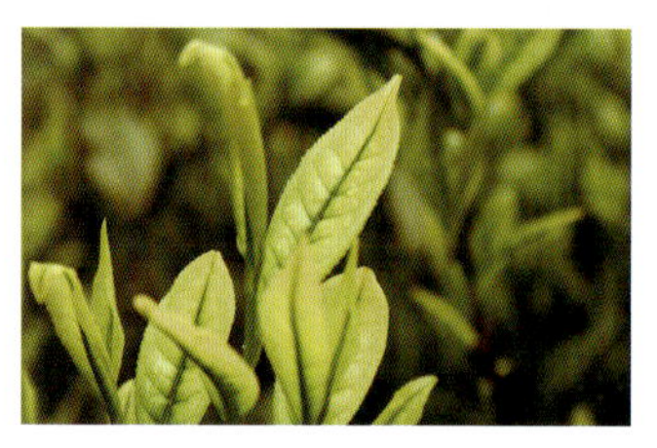

产地特征：原产地范围限于浙江省安吉县现辖行政区域。该区域位于北纬30°的优质茶叶产区带，属北亚热带南缘季风气候区，全年气候温和，四季分明。区域内山地资源丰富，植被覆盖率达73%，森林覆盖率达69%，为山地丘陵红黄壤，土层深厚，有机质含量高，适宜茶树生长。

产品特性：品种为白叶1号。1998年，通过浙江省品种鉴定委员会审定为浙江省无性系茶树良种，属“低温敏感型”变异茶种，芽叶呈玉白色。采摘时间在3月中下旬至4月中下旬。安吉白茶现有龙形、凤形两种工艺，市售多以凤形为主，外形条索紧细显芽，形似凤羽又如兰花，干茶色泽玉白鲜润。香气清高、鲜爽、具花香，滋味鲜醇、甘滑，汤色浅嫩绿、清澈明亮。叶底嫩匀成朵、叶白脉绿。

宋代，安吉白茶为徽宗皇帝最爱，被列为第一贡茶。目前，全县茶园开采面积约15万亩，产量1 800吨。

推荐单位：浙江省安吉县农业局

大佛龙井

产地特征：新昌县位于浙江省东部。大佛龙井产区地处亚热带季风气候区，四季分明，雨量充沛，气候条件优越。茶园主要分布于海拔200～800米的丘陵山地，土壤有机质含量丰富，周围植被茂密，具备生产优质名茶的生态环境条件。

产品特性：园区内主栽品种有龙井43、乌牛早、迎霜等无性系茶树良种及鸠坑等有性系品种，全县无性系品种比率约占67%，茶园开采期一般2月底至3月初。外形扁平光滑、尖削挺直，色泽嫩绿匀润，干茶长度2厘米左右。滋味鲜醇甘爽，汤色杏绿明亮，香气嫩香持久、略带兰花香，叶底细嫩成朵匀齐，具有典型的高山茶风味。

目前，全县茶园面积12万亩，年产大佛龙井茶5 000吨。

推荐单位：浙江省新昌县农业局

更香绿茶

产地特征：浙江省武义县境内气候温和湿润，雨量充沛，水热同季，四季分明，属中亚热带季风气候，光热资源丰富，适宜茶树生长。

产品特性：品种为春雨1号。该品种树姿较直立，分枝密，叶片稍上斜状着生，春茶一芽二叶绿色，芽尖稍黄，茸毛较多。具有适应性强，长旺盛、发芽早、产量高、持嫩性好、制绿茶品质优良的特性。更香绿茶分针形茶、扁形茶、条形茶。针形茶形似松针丝雨，色泽绿嫩稍黄。扁形茶外形扁平、光滑，形如宝剑，色泽翠绿鲜活。条形茶外形匀整翠绿，微露锋苗；条索紧结卷曲，细嫩露芽。香气清高幽远，汤色嫩绿明亮，滋味甘醇鲜爽，具有独特的兰花清香，品后口留余香。叶底绿润明亮，细嫩绵软。

更香绿茶主要分布于武义县13个乡镇，有3万多亩有机、无公害茶园基地。主要生产期集中在2～5月，产量500多吨。通过有机食品、绿色食品、无公害农产品认证，为浙江省名牌产品。

推荐单位：浙江省武义县农业局

江山绿牡丹茶

产地特征：浙江省江山市地处浙、闽、赣三省交界处钱塘江源头，三面环山，属典型的亚热带季风气候。茶叶生长区土壤呈红色或棕红色，呈酸性，适宜茶叶生产。

产品特性：选用鸠坑种、浙农117、龙井43等本地适栽的茶树品种一芽一叶初展到一芽二叶初展鲜叶为原料。采摘时间为3 ~ 4月。江山绿牡丹茶条直似花瓣，形态自然，白毫显露，犹如牡丹，干茶色泽翠绿诱人。汤色嫩绿明亮，香气清香持久，滋味鲜醇爽口，叶底肥厚成朵。

江山绿牡丹茶原名“仙霞化龙”，始制于唐代，北宋大文豪苏东坡称其为“奇茗极精”，明正德皇帝赐名为“绿茗”，并被列为贡茶。2013年，全市种植面积4.82万亩，总产量2 120吨。多次在国内外名茶评比中获奖。

推荐单位：浙江省江山市农业局

缙云黄茶

产地特征：缙云县位于浙江省南部。缙云黄茶产区海拔200 ~ 750米，昼夜温差大，年降水量1 385 ~ 1 555毫米，年均光照时数1 506 ~ 1 610小时，土壤有机质含量高，土壤肥沃，适宜茶叶生产。

产品特性：缙云黄茶目前还是农家品种，该品种新发的芽叶金黄亮丽，为茶中奇葩。春茶开采时间为3月22日前后。干茶形状有扁形、卷曲形、直条形，色泽金黄透绿，光润匀净，芽叶完整，芽叶长度不超过2.5厘米。汤色鹅黄隐绿、清澈明亮；叶底玉黄含绿、鲜亮舒展；滋味清鲜柔和，爽口甘醇；香气清香高锐，独特持久。不同于传统“黄茶”，是兼有绿茶风味、传统黄茶风格的新一代“黄茶”。

2013年，全县茶园面积5.51万亩，总产量1 206吨。2013年8月，在第十届“中茶杯”全国名优茶评比中获特等奖。

推荐单位：浙江省缙云县农业局

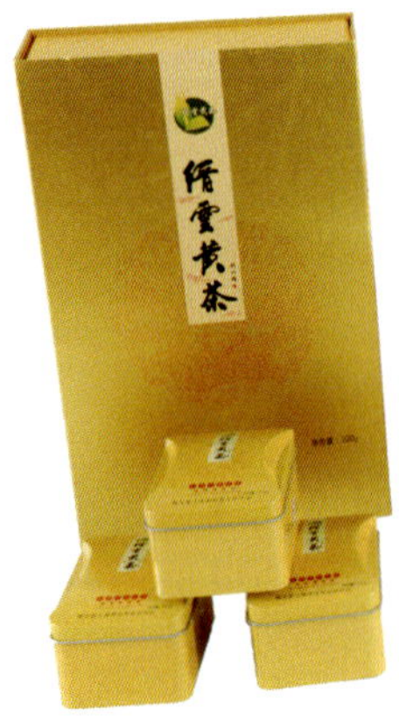

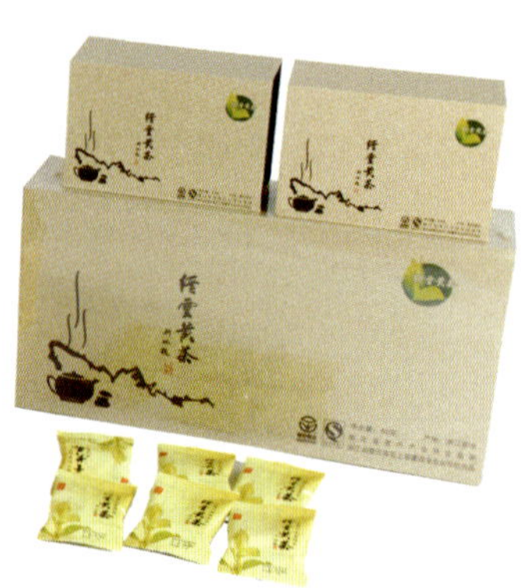

绿剑茶

产地特征：诸暨市地处浙江省中部，自然环境优越，属典型的亚热带季风气候区，四季分明，雨水较多，光照充足。绿剑茶生长区土壤呈红色或棕红色，呈酸性，适宜茶叶生产。

产品特性：品种为剑茶67号、中茶108、浙农117。采摘时间在3月中下旬至4月中下旬。绿剑茶原料采用幼嫩的单芽鲜叶加工而成，成品茶形如绿色宝剑，尖挺有力，色泽嫩绿鲜润。色泽嫩绿，汤色清澈明亮，滋味鲜嫩爽口，香气清高，叶底全芽匀齐，嫩绿明亮。冲泡时芽头笔立，犹如绿剑群聚，栩栩如生。

绿剑茶是新开发的创新名茶，于1994年开始研制开发，1999年制定了浙江省地方标准《绿剑茶》。2013年，全市种植面积11.9万亩，总产量5 158吨。为浙江省名牌农产品。

推荐单位：浙江省诸暨市农业局

平水日铸茶

产地特征：绍兴市柯桥区位于浙江省中北部地区，北部地处绍虞平原，南部紧靠会稽山脉。气候温和，四季分明，雨量充沛，降水时间分布季节性明显。属于东亚季风区，季风气候显著。

产品特性：品种为龙井43，属国家级良种。该品种发芽早，春芽萌发期一般在3月中下旬，一芽三叶盛期，在4月中旬发芽，密度大，育芽能力特强，耐采摘；芽叶短壮。采摘期为3月下旬到4月中旬。外形条索细紧略钩曲，形似鹰爪，银毫显露，绿润鲜活，盘花卷曲，颗粒重实。茶汤色绿明亮，滋味醇厚回甘，栗香持久，叶底嫩绿，完整成朵，滋味鲜醇。

平水日铸茶在宋代就是达官贵人相互馈赠的佳品。北宋欧阳修在《归田录》中道“草茶盛于两浙，两浙之品，日注（铸）第一”。2013年，平水日铸茶种植面积8万多亩，年产量2 000多吨。核准注册国家地理标志产品。

推荐单位：浙江省绍兴市柯桥区农业局

千岛玉叶龙井茶

产地特征：千岛玉叶龙井茶产区位于浙江省淳安县海拔600米以上的高山，独有的高山土壤有机质含量丰富，空气清新湿润。千岛湖森林覆盖率高达81%，形成“冬无严寒，夏无酷暑，春暖早，秋寒迟，无霜期长”的特殊小气候。清澈甘洌的原生态优质水源灌溉。

产品特性：采用鸠坑种为原料。其外形扁平光滑，尖削硕壮，条形扁宽粗壮，芽长而肥厚，富有立体感，呈自然的糙米色，绿中带黄。香气持久浓郁，带有馥郁的板栗香，采用鸠坑种选育出来的优良单株加工，更具高山茶风格，兰花幽香明显。滋味浓醇，入口香甜柔和，口感丰富，回味带甘，耐泡，泡五六道而滋味不散。

淳安现有标准茶园18万亩，千岛玉叶龙井茶产量3 250多吨。千岛玉叶龙井茶是淳安县域茶叶公用品牌，2009年被评为浙江省十大名茶。

推荐单位：浙江省淳安县农业局

松阳银猴

产地特征：浙江省松阳县属国家级生态示范区，森林覆盖率超过75%。气候属中亚热带季风气候，雨量充沛，无霜期长，温润适宜的气候条件为茶叶生长提供了有利条件。

产品特性：品种为省级良种，小乔木型，中叶类，早生种；植株较高大，树姿直立，分枝较稀，芽叶绿色，茸毛特多。外形壮实卷曲多毫，犹如深山活泼小猴，惹人喜爱。色泽翠润，栗香持久，滋味浓鲜，汤色绿明，叶底嫩绿明亮，被誉为茶中瑰宝。

松阳种茶历史悠久，早在三国时期松阳就盛产茶叶。2013年，全县种植面积12万亩，总产量1.02万吨。为浙江省著名商标。

推荐单位：浙江省松阳县茶叶产业协会

天目青顶

产地特征：临安市地处浙江省西北部天目山北麓，属亚热带季风气候，森林覆盖率达到76.5%。茶区土壤为红壤或黄壤，呈酸性，适宜茶叶生产。

产品特性：主要茶树品种为鸠坑群体种和浙农113、中茶108、迎霜等无性系良种。采摘时间在3月中下旬至4月中下旬。条紧略扁，形似兰花，叶质肥厚，银毫隐露，色泽绿润。滋味鲜醇爽口，清香持久，汤色清澈明净，芽叶朵朵可辨。

天目青顶原称天目山茶、天目云雾茶，早在唐陆羽《茶经》中就有“杭州临安於潜二县生天目山与舒州同”的记载，在明代已成为贡品。2013年，天目青顶生产面积4.2万亩，总产量685吨。核准注册国家地理标志产品，获得国家农产品地理标志登记。天目青顶是临安区域公用品牌。

推荐单位：浙江省临安市农业局

天台黄茶

产地特征： 天台县地处浙江省东中部，森林覆盖率达71.2%，是国家重点风景名胜区和国家级生态县。天台县属亚热带季风气候，土壤有机质丰富，通透性好，呈微酸性，非常适宜茶树生长。

产品特性： 品种为中黄1号，浙江省林木品种审定委员会认定为浙江省林木良种，属灌木型、中叶、中生种的叶色黄化自然变异茶树新品种。采摘期为3月中下旬至5月初。鲜叶春季新梢鹅黄色，颜色鲜亮，夏秋季新梢淡黄色，特色明显。干茶采用扁形茶加工工艺，外形细嫩光滑平伏显金边，绿润中透着金黄，匀净重实。香气栗香鲜嫩持久，滋味鲜醇甘爽回甘。其外形细嫩绿润透金黄，汤色嫩绿清澈透黄，叶底嫩黄鲜艳，呈现出独特的“三绿透三黄”品质。

天台黄茶相传为秦末谋士范增在天台琼台黄帝祭坛发现的一颗“仙草”，后在唐皎然诗句“越人遗我剡溪茗，采得金芽与金鼎”以及元李德载《赠茶肆》诗句“金芽嫩采枝头露，雪乳香浮塞上酥，我家奇品世间无。”都有描述之句。目前，全县茶园面积达到4.35万亩，总产量1 000吨。

推荐单位： 浙江省天台县林业特产局

乌牛早茶

产地特征：永嘉县位于浙江省东南部，属典型的亚热带季风气候。土层深厚，土质肥沃，适宜茶树生长。

产品特性：乌牛早茶是产于永嘉县境内的一个特早生茶树良种。两年成丛，2月下旬、3月上旬全面开采。外形扁平光滑、挺秀、匀齐、芽锋显露、微显毫、色泽嫩绿光润。一芽一、二叶初展长度为1.5厘米左右，无鱼叶碎片。内质叶底肥壮、匀齐成朵、叶色嫩绿明亮、汤色清澈明亮、香气高鲜、滋味甘醇爽口。

永嘉种茶历史悠久，中唐卢仝《茶歌》、《唐书·食府志》、《万历府志》，清乾隆《温州府志》均有记载，已有1 000多年的历史。目前，全县种植面积6.3万亩，产量610吨。核准注册国家地理标志产品。

推荐单位：浙江省永嘉县农业局

婺州举岩茶

产地特征：婺州举岩茶产自浙江省金华市北山国家AAAA级风景区双龙洞顶鹿田村一带。产地气候条件特殊，曾有“云暗雨来疑是夜，山深寒在不知春”的诗句对此形容，经常出现高空阳光灿烂，山中云雾翻腾，低空细雨蒙蒙，室内暗淡无光的特殊景象。山高、林茂、云多、雾重、雨多、泉清，构成了得天独厚的生态条件，再加上土壤肥沃，腐殖质丰富，适宜茶树生长。

产品特性：品种为当地群体种繁育而成。采摘时间在4月上旬至4月下旬。外形蟠曲紧结，茸毫依稀可见。色泽翠绿油润，具有兰花香味。滋味醇厚，鲜爽回甘。汤色嫩绿清亮，叶底嫩绿匀整。举岩茶品质最突出之处是汤色如碧乳。

举岩茶享誉历史千年之久，最早可追溯至五代十国时期后蜀二年（935年）毛文锡所著《茶谱》，文中有载“婺州有举岩茶，斤片方细，所出虽少，味极甘芳，煎如碧乳也。”2013年，婺州举岩茶种植300亩，总产量8.5吨。主要分布在金华市北山鹿田村。

推荐单位：浙江省金华市婺城区农林局

余姚瀑布仙茗

产地特征：余姚瀑布仙茗产地为浙江省余姚市四明山区域，属典型的亚热带季风气候，平均海拔400米，生长区土壤为呈酸性的山地红壤，是世界公认的最佳绿茶产区。

产品特性：余姚瀑布仙茗产品分金韵、雪韵、翠韵和龙珠四个系列。以黄化茶树品种鲜叶为原料制成的金韵系列产品色呈金黄；以白化茶树品种鲜叶为原料制成的雪韵产品色翠绿镶金黄；以常规绿茶品种鲜叶为原料制成的翠韵产品形似松针；龙珠产品形似蟠珠。每年3月5日前后开采。属绿茶类，外形紧实，苗秀略扁，色泽绿润，香气清鲜，滋味鲜醇，汤色绿而明亮，叶底嫩匀成朵。

余姚产茶历史悠久，茶史遗存丰富。浙东史学家黄宗羲在《咏余姚瀑布茶》诗中赞道："檐溜松风方扫尽，轻阴正是采茶无。相邀直上孤峰顶，出市都争谷雨前。"目前，全市茶叶种植面积6.3万亩，余姚瀑布仙茗茶叶产量930吨。获得国家农产品地理标志登记，为浙江省优质名茶。

推荐单位：浙江省余姚市农林局

越乡龙井

产地特征：嵊州市位于浙江省东部，四面环山，四江汇聚，属亚热带季风气候。茶园多分布在红黄壤、香灰土质中，有机质含量丰富，适宜茶树生长。

产品特性：外观扁平光滑，形如碗钉，苗锋尖削，色泽嫩绿。香气清高，具清香或嫩栗香，滋味醇厚，汤色嫩绿、清澈明亮，叶底嫩匀成朵，经久耐泡。

据《中国茶经》记载："唐至明剡溪茶都列为名茶"。越乡龙井以越剧之乡、越国故地而得名。目前，全市茶园面积18万亩，年产越乡龙井6 000吨。越乡龙井为浙江省区域公用品牌。

推荐单位：浙江省嵊州市林业局

黄山毛峰

产地特征：黄山毛峰产自国家地理标志产品保护范围内的核心发源地——安徽省黄山市徽州区富溪。该产地位于亚热带与温带交汇处，气候温暖，四季分明；在茶树生长的春夏季节的75天中，有雾天数平均62天；土壤主要为黄棕壤、黄红壤、黄壤等，土壤通透性好；森林覆盖率高达80%。

产品特性：主要栽培品种为黄山种。植株较大，树姿半开张，芽叶黄绿色，尚肥壮，茸毛多。开采时间为每年3月中下旬。干茶外形美观，成茶细嫩扁曲，每片长约半寸，尖芽紧偎在嫩叶之中；状如雀舌，尖芽上布满绒细的茸毛，色泽油润光亮，绿中发出微黄，似象牙色。香气嫩香高长，带幽雅的兰香之韵；滋味鲜醇爽、回甘；汤色嫩黄绿、清澈鲜亮；叶底嫩黄、匀亮、鲜活。

黄山毛峰于清光绪元年（1875年）由古徽州漕溪人谢正安所创，《中国茶经》、《徽州商会》、《歙县志》均有记载。谢正安创设“谢裕大茶行”，至今已近140年的历史。2013年，茶园基地约3万亩，总产量1 260吨。1955年被评为全国十大名茶之一。

推荐单位：安徽省黄山市徽州区农业委员会

黄山毛峰

产地特征：歙县位于安徽省南部，属于中亚热带与北亚热带过渡区。境内河溪纵横，森林茂密，森林覆盖率达85%以上。茶园主要分布在黄山支脉南云山一带的黄山毛峰核心区，茶树生长于日照短的湿润土壤，终年沉浸在云雾之中，故鲜叶芽长叶厚，肥壮柔嫩，色润香浓。

产品特性：品种为滴水香茶树，属安徽省优质茶树良种，具有芽头肥壮、叶张宽大、肉质肥厚、内含物丰富等特点。采摘时间在3月中下旬至4月中下旬。黄山毛峰茶，形似雀咀，峰毫显露，色黄绿油润，有少量金黄片，清香高爽，汤色清绿微黄，滋味鲜醇，叶底嫩绿明亮。香气清鲜高长，汤色杏黄清澈，滋味醉厚回甘，叶底厚实成朵。

黄山毛峰是蜚声中外的历史名茶。2008年，黄山毛峰茶曾作为尊贵珍茗赠送给国际奥委会主席萨马兰奇。

推荐单位：安徽省歙县农业委员会

黄山毛峰

产地特征：安徽省黟县地处黄山山脉及其南北两坡上，境内峰峦绵延，山高谷深，具有明显的皖南山区特点，属北亚热带湿润季风气候，四季分明，气候温和，冬、夏季长，春、秋季短，雨量充沛。以黄红壤为主，土地肥沃，植被丰富，森林覆盖率84.4%，是全国生态示范区，生态环境优美，适宜茶树生长。

产品特性：选用本地茶树品种黄山大叶种鲜叶制成，黄山大叶种具有发芽期早，生长周期长，发芽密度大，芽壮和重，茸毛多，产量高等特点。采摘期3月下旬至5月上旬。芽头肥壮、匀齐，形似雀舌，毫显，嫩绿泛象牙色，有黄金片。具有香气馥郁持久，有兰花香，汤色嫩黄绿、清澈明亮，滋味鲜爽回甘，叶底嫩匀肥壮，耐冲泡的品质特征。

黟县产茶历史悠久，唐咸通三年（862年）即有记载。目前，全县茶园5.3万亩，年产茶1 880吨。通过无公害农产品、有机食品认证。

推荐单位：安徽省黟县农业委员会

云谷大方茶

产地特征：云谷大方茶主产于绵延皖浙的天目山西侧清凉峰竹铺、三阳、杞梓里、唐里、金川等地的高山深谷中，属中亚热带与北亚热带过渡区，昼夜温差大，相对湿度在85%以上。土壤以黄红壤为主，森林覆盖率达78%，得天独厚的生态条件为茶树提供了良好的生长环境。

产品特性：主要栽培品种为黄山大叶种和竹铺种，采摘时间一般为每年3月中上旬。外形扁平匀齐，黄绿亮润，银毫微露，芽叶壮实。汤色亮绿，香气浓郁，栗香显，滋味醇厚，甘甜爽口，叶底嫩黄，匀整肥壮。

大方茶是我国传统名茶。911年（即五代十国时期）就已是贡品，距今有千年历史。目前，茶园面积3.5万亩，年产量1 200吨。

推荐单位：安徽省歙县农业委员会

金山时雨

产地特征：安徽省绩溪县为低山丘陵区，地处黄山支脉和天目山支脉结合部，属亚热带季风湿润气候区，光、热、水资源丰富，四季分明。茶区森林覆盖率76.5%，土壤类型主要为黄红壤，表层富含腐殖质层，适宜茶叶生产。

产品特性：主要栽培当地品种金山种，长期在良好自然环境下繁衍形成，历史超过500年。植株灌木型，叶长椭圆形，绿色，锯齿浅。采摘时间在3月中下旬至4月下旬。金山时雨现有发髻形、兰花形两种工艺，市售多以发髻形为主，外形紧结卷曲、匀整，形似发髻，油润隐毫。香高持久，汤色嫩绿清澈鲜亮，滋味鲜醇爽回甘，叶底嫩黄匀亮鲜活。

金山时雨原名金山茗雾，贡品，最早记载见于清嘉庆十五年《绩溪县志》。1915年郑孝胥编著的《中国参与巴拿马万国博览会纪实》记载，由汪裕泰茶号选送的金山时雨获博览会金奖。2013年，全县种植面积4.98万亩，总产量1 460吨。获得国家农产品地理标志登记。

推荐单位：安徽省绩溪县农业委员会

六安瓜片

产地特征：六安瓜片产区地处安徽省大别山腹地，为淮河流域，属亚热带季风气候，四季分明，温暖湿润，无霜期长，光热资源丰富，降水充沛。土壤多为黄棕壤，质地疏松，土层深厚，茶园多在山坡冲谷之中，生态环境优越。

产品特性：主要是当地齐山种、独山中小叶种等群体种。最早采摘时间一般在3月底，内山高山茶园开采更迟，清明前后开采。外形单片顺直，叶缘背卷平展，形似颗颗瓜籽不带芽，不含梗；干茶色泽翠绿，匀润起霜；汤色碧绿，清澈明亮；香气清香馥郁，若兰似蕙，沁人心脾；滋味鲜爽浓醇，回味清凉甘甜；叶底黄绿匀亮。色、香、味、形俱佳。

清代诗人袁枚《随园食单》中提到六安产“银针、毛尖、梅片（在梅雨季节选一叶、二叶)”；这里的“梅片”就是六安瓜片的前身。目前，全县可采茶园面积5.5万亩，年产量1 000吨。2008年，六安瓜片制作工艺入选国家非物质文化遗产名录。核准国家地理标志产品保护。

推荐单位：安徽省金寨县农业发展委员会

六安瓜片

产地特征：六安瓜片产区位于安徽省大别山东北麓，属淮河流域，光能资源比较丰富，降水丰沛。土壤多为黄棕壤，质地疏松，土层深厚，茶园多在山坡冲谷之中，生态环境优越。

产品特性：品种为独山中小叶种，为当地自古以来的“小叶”群体品种，叶面背卷，呈椭圆形，鲜叶必须长到“开面”时方可采摘茶树嫩梢2～3片壮叶。外形平整似瓜子状，条索紧结，叶面背卷，色泽宝绿，外披白霜。香气清高持久，栗香显；滋味鲜醇回甘；汤色杏黄明亮；叶底翠绿匀整。

六安瓜片具有悠久的历史底蕴和丰厚的文化内涵。早在唐代，《茶经》就有“庐州六安(茶)”之称；据《六安州志》载：“齐头绝顶常为云雾所封，其上产茶甚壮，而味独冲淡……”明代科学家徐光启在其著《农政全书》里称“六安州之片茶，为茶之极品”。目前，全区茶园面积21.4万亩，采摘面积20.3万亩，年产各类六安瓜片7 105吨。

推荐单位：安徽省六安市裕安区农业委员会

太平猴魁

产地特征：安徽省黄山市地处亚热带湿润季风气候区，气候温暖，雨量充沛，空气湿润，漫射光照时间长；湿度大，云雾多，热量丰富，无霜期长。土壤类型主要为乌沙壤、黄棕壤、黄红壤、黄壤等，表层腐殖质层较厚，有机质含量高，茶园周围植被覆盖率90%以上。

产品特性：茶树品种为柿大茶，属于灌木型，育芽能力强，发芽整齐肥壮，茸毛多，节间短，色深绿，呈两叶一芽型。两叶抱一芽，扁平挺直，魁伟重实，色泽苍绿，兰香高爽，滋味甘醇。

太平猴魁原产于新明乡猴坑、猴岗、颜家一带，创制于1900年，至今已有100多年的历史。由于它的品质位于尖茶的魁首，首创人又名叫王魁成，产于太平县猴坑、猴岗一带，故此茶全称为“太平猴魁”。2013年，太平猴魁茶园4.5万亩，产量918吨。1915年获得巴拿马世界博览会金奖，2003年核准国家地理标志产品保护，通过有机食品、绿色食品和无公害农产品认证。

推荐单位：安徽省黄山市黄山区农业委员会

汀溪兰香茶

产地特征：泾县位于安徽省东南部，属亚热带季风气候。茶区最高海拔1 174米，拥有万亩原始森林，茶园土壤多为砂页岩及花岗岩母质发育的山地黄壤或黄棕壤，土质肥沃疏松，产地被列为长三角城市群茶香文化体验之旅示范点。

产品特性：栽培品种为当地群体种。采摘时间在3月底至4月中旬。采摘标准为一芽一叶初展，成品茶呈绣剪形，长约2厘米，肥壮略扁，匀净整齐，色泽匀润，翠绿显毫。冲泡后清香高爽持久，滋味鲜醇回甘，汤色亮绿清澈，叶底肥嫩成朵。

汀溪兰香系从唐代名茶“白云兰片”的历史遗存中挖掘研制而成的尖茶类名优茶。清学者胡耸孙在《白云茶赋》中曰：“泾川之野产，乃铭以白云兰片之称也。”清中期，当地尖茶批量出口东南亚，故又称之为“洋尖”。2013年，种植面积2万亩，总产量200吨。获中国国际农产品交易会金奖，为安徽名牌产品。

推荐单位：安徽省泾县农业委员会

涌溪火青

产地特征：涌溪火青产于安徽省东南部泾县涌溪、黄田，产区属亚热带季风气候，茶园土壤多为黄棕壤，土层深厚肥沃，十分宜茶。产地已被列为长三角城市群茶香文化体验之旅示范点。

产品特性：品种主要为涌溪中柳叶种，系当地群体种。采摘期在3月底至4月下旬。采摘标准为一芽二叶初展，成品茶3～8毫米，外形腰圆紧结，色泽墨绿显毫。茶香浓郁持久，滋味醇厚耐泡，汤色黄绿明亮，叶底肥壮成朵。干茶入杯沉底，后如兰花绽放，慢慢舒展。

涌溪火青创制于明朝后期。相传，涌溪的刘金秀才发现一株金银茶树，便采叶试制，觉得香味不凡遂进贡朝廷，使之成为名茶。据《泾县志》记载：清顺治二年“由磨盘山南起至涌溪，广阔三十余里，多产美茶并杉木。”现有茶园4 500亩，年产量120吨。2010年入选安徽省非物质文化遗产名录，核准注册国家地理标志产品，通过绿色食品认证，获安徽名牌产品称号。

推荐单位：安徽省泾县农业委员会

新安源绿茶

产地特征：新安源绿茶主产于安徽省黄山南麓新安江源头的流口、溪口地区，地处神秘的北纬30°线上，此区域山清水秀，群山环抱，生态极佳。茶园主要分布于海拔300～800米河谷洲地和高中山间，其土壤多由近代河流冲积物和第四纪古河道沉积物母质发育而成的黄壤和黄棕壤，土质深厚松软肥沃，呈酸性。昼夜温差大，小气候条件环境优越。

产品特性：主要种植品种为槠叶种、茗洲种，开采时间一般在3月下旬到4月。外形紧秀挺直、匀齐、银毫显、锋苗露、色泽润。香气鲜爽、持久，有兰花香，汤色翠绿、清澈明亮、滋味鲜爽、回味甘甜，叶底匀齐肥壮。

新安源绿茶主产于新安江源头流口、汪村、鹤城、溪口、板桥等乡镇。2013年，全县茶园面积20万亩，产量9 330吨。2013年，被安徽省列为国礼茶赠送来中国访问的俄罗斯总理梅德韦杰夫。为安徽名牌农产品。

推荐单位：安徽省休宁县农业委员会

休宁松萝

产地特征： 休宁县地处安徽省南部山区，属亚热带湿润性季风气候，四季分明，梅雨明显，雨量集中，产地土壤主要为黄棕壤、黄红壤、黄壤等，表层腐殖层较厚，有机质含量高，适宜茶叶生长。

产品特性： 品种以松萝种为主。植株较小，树姿半开张，芽叶黄绿色，茸毛多。采摘时间在3月中下旬至5月中上旬。外形紧结稍圆、显毫、重实匀壮、色泽绿润，卷曲匀整。汤色明亮、叶底嫩绿、滋味鲜醇、花香高长，七泡味不减，是浓香型绿茶典范。

松萝茶创制于明弘治年间，距今已有600年的历史。目前，全县茶园面积20万亩，总产量9 300多吨。核准国家地理标志产品保护。

推荐单位： 安徽省休宁县农业委员会

岳西翠兰茶

产地特征： 岳西县位于安徽省大别山江淮分水岭东段，为北亚热带湿润季风气候区，地貌纵切多变。土壤为黄棕壤、山地棕壤等，弱酸性。经检测，土壤、水质、大气均达到绿色食品生产要求。

产品特性： 主栽品种为本地群体种、黄山群体种和无性系石佛翠等品种。芽叶黄绿色，茸毛中等。3月下旬开采。外形芽叶相连，手工加工茶产品舒展成朵，机制产品略紧凑；色翠绿，显毫；2厘米长。香高清鲜；滋味鲜爽；汤色浅绿，明亮；叶底匀，色绿明亮。

2013年，全县茶园面积15万亩，总产量4 100吨。岳西翠兰是安徽省区域公用品牌。

推荐单位： 安徽省岳西县农业委员会

松溪绿茶

产地特征：松溪县位于福建省北部，武夷山麓东南侧，气候属中亚热带季风气候区。温和湿润，四季分明，农业立体气候明显。土层深厚，土壤肥沃。境内森林密布，河流蜿蜒，生态环境优越，是福建省重点林业县和国家级生态示范县之一，自然条件适宜茶树生长。

产品特性：松溪绿茶鲜叶持嫩性好，内含物丰富，特别是茶多酚、氨基酸和芳香物质含量高，氨酚比高，外形秀美，色泽绿润，香气高爽持久，汤色黄绿明亮，滋味浓厚，叶底肥嫩，香高味爽耐冲泡，具有鲜明绿茶的典型特征。

明嘉靖年间县志就有“叶以谷雨前采制者为松萝”的记载，经考证松萝系当时流行名优炒青绿茶，即松溪绿茶。目前，全县茶园面积8.65万亩，年产量7 000吨。

推荐单位：福建省松溪县茶叶管理总站

浮瑶仙芝

产地特征：江西省浮梁县地处亚热带，境内峰峦叠嶂，植被丰厚，终年云雾缭绕，气候湿润，土壤肥沃，生态纯净天然，自古佳茗辈出。大部分是红壤土质。环境良好，有“天然氧吧”之称。

产品特性：茶树品种主要是传统的群体种，每年清明前采摘2.0 ~ 2.5厘米长的嫩芽。条索紧细圆直、多锋苗、白毫微显、色泽翠绿、匀齐、匀净；香气兰花高香持久、汤色嫩绿明亮、滋味鲜爽回甘、叶底柔软嫩黄匀整。

浮梁是中国著名的历史文化名茶之乡。在唐朝就成为贡茶进献宫廷。因杨贵妃赞其“味如灵芝”而被唐玄宗命名为“仙芝”。白居易一曲《琵琶行》的“商人重利轻别离，前月浮梁买茶去”，使得浮梁茶名扬千古。为江西省名牌产品、江西省名牌农产品。

推荐单位：江西省浮梁县茶叶局

井冈翠绿

产地特征：江西省井冈山市终年雨雾缭绕、山水潺潺，每立方厘米空气中含氧离子数超过12 000个，雨量充沛，光照适度，土壤肥沃，无任何污染，人称“天然氧吧”。

产品特性：茶树品种主要为龙井43号。每年清明前一周进行采摘，条索细紧多毫，汤色清澈明亮，滋味鲜醇回甘，香气高长，品质优异。

据《龙泉·风物》记载，井冈翠绿茶产于元末明初，原产地分布在桐木岭一带，桐木岭石氏家族一直是井冈翠绿茶生产技艺的主要传承者，传至当今已有28代。随着制作工艺向外传播，慢慢发展到茨坪、下七等地，以手工制作茶叶为主，制成的绿茶以色绿、香郁、味醇、形美四绝而著称。2010年入选江西省非物质文化遗产名录。

推荐单位：江西省井冈山市农业局

薮北茶

产地特征：罗山县地处河南省东南部，大别山北麓，淮河南岸，为亚热带向暖温带过渡区域，属北亚热带大陆性季风湿润气候，四季分明，雨量充沛。

产品特性：薮北茶是日本的优良茶树品种，1992年首次引进罗山县潘新镇。主要特点是生长势强，树姿直立，叶较大，长椭圆形；产量高，品种纯，品质好，抗性强；春季、夏季、秋季皆可开采。成茶形似松针、色泽嫩绿油亮。茶汤色翠绿明亮，滋味甘醇鲜美，香气浓郁。

目前，全县茶园面积2万亩，年产干茶300吨以上。通过有机食品认证，为河南省著名商标。

推荐单位：河南省罗山县茶产业办公室

信阳毛尖

产地特征：信阳毛尖产地位于河南省信阳市西南山区，俗称“五云两潭一寨”，海拔在300～800米所产毛尖茶质量最优。高山云雾多，光照适宜，日夜温差大，有机质丰富，土层深厚松软，偏酸性，有利于茶树生长。

产品特性：品种主要选择抗病虫、抗寒、抗旱等性能好，生长势强，种性纯的优良品种。清明节后开始采摘，谷雨前普遍开采。色、香、味、形均有独特个性，外形细圆竖直显毫、鲜绿有光润、白毫明显。汤色嫩绿、黄绿、明亮，香气清高，滋味鲜醇、回甘。

1987年，考古学家在信阳固始县出土的古墓中发掘了茶叶，据考证，距今已有2 300多年。唐代的《茶经》和《国史补》中把义阳茶（唐代义阳郡为现信阳南）列为当时的名茶。目前，全区有50多万亩茶园，年产干茶2.2万吨。信阳毛尖是河南省区域公用品牌，中国十大名茶。

推荐单位：河南省信阳市浉河区农业局

信阳毛尖

产地特征：信阳市平桥区位于河南省南部、大别山北麓、淮河上游，属于亚热带季风性湿润气候。土壤有黄棕壤、潮土、砂姜黑土和水稻土，呈微酸性，适宜茶叶生产。

产品特性：品种为信阳10号，属灌木型、中叶类、特早生无性系品种，芽叶呈嫩绿色。采摘时间在3月中下旬至4月中下旬。采用茶树新采摘初展纯芽或一芽一至三叶精制而成，外形细、圆、光、直、锋苗挺秀，条索紧细，满披银毫，银白隐翠，清香幽雅。汤色嫩绿明亮，香气鲜浓持久，滋味醇厚，回甘生津，叶底嫩绿明亮、匀整，冲泡四五次，尚保持有长久的熟板栗香。

信阳种植茶叶源于战国中后期，距今已有2 000余年。唐代茶圣陆羽所著的《茶经》，把信阳列为全国八大产茶区之一；宋代大文学家苏轼尝遍名茶后挥毫赞道："淮南茶，信阳第一"。2013年，全区茶园面积10万亩，总产量0.3万吨。1915年在巴拿马万国博览会上获金奖。

推荐单位：河南省信阳市平桥区农业局

邓村绿茶

产地特征：湖北省宜昌市夷陵区邓村乡有位于长江西陵峡的珍稀茶园，因地理环境优越，土壤酸碱度适宜，良种配植合理，造就了邓村绿茶的独特风格。

产品特性：“形秀丽，汤绿亮，绿豆味板栗香”是邓村绿茶独有的品质。百余道传统制茶工艺，产品外观条索紧结，锋苗挺秀，色泽翠润，白毫显露；汤亮芽叶亮，清香透栗香，入口回味长，氨基酸含量高。

邓村以4 700多年前的世界茶叶起源地、1 250年的古峡州茶叶文明、135年的茶叶通商开埠史话，被收入《中国茶经》等名茶典籍。目前，邓村乡茶叶种植面积4.18万亩，总产量5 000吨。为湖北名牌产品。

推荐单位：湖北省宜昌市夷陵区农业局

龙峰茶

产地特征：湖北省竹溪县地处秦岭南麓、大巴山脉东段北坡，山峦起伏，属典型的亚热带季风气候。龙峰茶生长区土壤黄棕壤或棕壤，呈酸性，适宜茶叶生产。

产品特性：品种为龙王垭龙峰茶，采摘时间为4～10月。外观紧细显毫，色泽嫩绿光润，匀整洁净。茶香鲜嫩，清高持久，滋味鲜醇甘爽，汤色嫩绿明亮，叶底细嫩成朵。茶叶锋苗挺拔，沏泡后如百龙竞游。

目前，全县种植面积1.24万亩，辖区产量1 400吨。通过绿色食品、有机食品认证。

推荐单位：湖北省竹溪县农业局

水镜毛尖

产地特征： 南漳县位于湖北省西北部，汉水以南，荆山山脉东麓。土壤肥沃，植被丰富，雨量充沛，云雾缭绕，阳光散射，四季分明，土壤以山地黄棕壤土为主，有机质含量较高，是生产名优高香茶的理想之地。

产品特性： 品种以鄂茶1号为主。芽叶生育力和持嫩性强，春茶萌发期在3月中下旬，一芽三叶盛期在4月中旬。现有条形、曲形两种工艺，外形纤细，色绿光润，紧秀显毫，汤色绿明亮，粟香高长。滋味浓醇，回甘。

《三国志》载，东汉末年，司马徽隐居襄阳南漳玉溪山麓，建水镜庄，以茶会友，教书育人。建安十二年（207年），水镜先生荐举诸葛亮于刘备，终引出“三顾草庐”的千古佳话，制茶秘方因诸葛亮“三分天下”而得名。据南漳县志记载：清同治年间（约1866年），水镜毛尖由张知县进贡于皇帝。2013年，全县种植面积5万亩，总产量5 000吨。核准注册国家地理标志产品。

推荐单位： 湖北省南漳县农业局

英山云雾茶

产地特征：英山云雾茶产地位于大别山腹地的湖北省英山县，属长江中下游亚热带湿润性季风气候。茶树大多生长在海拔400 ～ 800米的山地，境内林木茂盛，森林覆盖率达68％，茶园土壤肥沃，以黄棕壤为主。

产品特性：茶树为群体品种及鄂茶一号、白毫早等中小叶茶树无性系优良品种。外观条索细秀卷曲，白毫显露，色泽翠绿油润。香高持久，滋味鲜浓爽口，汤色嫩绿明亮，叶底细嫩明亮匀齐。

英山产茶历史悠久，早在唐代所产“团黄”、“祁门”与安徽霍山所产“黄芽”并称“淮南三茗”，作为贡品运往京都长安。目前，全县茶园面积22.33万亩，产量2.2万多吨。为湖北十大名茶。

推荐单位：湖北省英山县农业局

古丈毛尖

产地特征：湖南省古丈县位于著名的北纬30°绿茶产区带，属亚热带山地季风湿润气候，常年云雾缭绕。土壤母岩以砂页岩为主，土壤肥沃深厚，富含磷、硒，生态环境优越。

产品特性：品种为古丈毛尖黄金一号，采摘时间为4～11月。古丈毛尖条索紧细多毫，色泽隐绿，匀整，洁净。嫩香高长，滋味醇爽，汤色黄绿，叶底嫩匀。

古丈毛尖最早产于1 700年前，《桐君录》记载："武陵七县通出茶，最好"。目前，全县茶叶面积14万亩，年产量4 800吨。核准注册国家地理标志产品。

推荐单位：湖南省古丈县农业局

伏虎绿雪

产地特征：伏虎绿雪产地位于广西壮族自治区中部大苗山区南麓，属亚热带季风气候，阳光充足，雨量充沛，山高林密，植被丰富。茶区云雾缭绕，昼夜温差大。黄沙壤土，土质肥沃。

产品特性：品种为福云6号和福鼎大毫茶。采摘时间在2月中下旬至4月中下旬。伏虎绿雪外形呈螺形，坚秀卷曲，白毫满身，色泽隐绿。氨基酸含量高，一般为4.5%。香幽若兰持久，滋味鲜醇爽，汤色嫩绿明亮，叶底完整嫩绿明亮。

目前，全县茶叶种植面积7 000多亩，年产量560吨，主要分布在伏虎华侨农场。伏虎绿雪是广西壮族自治区区域公用品牌。

推荐单位：广西壮族自治区柳城县农业局

桂平西山茶

产地特征：桂平市位于广西壮族自治区东南部，地势南、北高，中部多属平原、台地和小丘陵，属南亚热带季风气候。全市土壤由八大成土母质160个土种构成，土壤有机质大多为2%～3%，适宜茶树种植的山地面积约290万亩。

产品特性：品种以西山群体种为主，勤采嫩摘是西山茶的采摘特点。2月底或3月初开采，一直采到11月，一年采茶20～30批。西山茶条索紧结，纤细匀整，呈龙卷状，黛绿银尖，茸毫盖锋梢。汤色碧绿清澈，叶底嫩绿明。茶味独具特色，春茶清香，夏茶梨香，秋茶醇香，冬茶莲香，滋味醇和，回甘鲜爽，饮后齿颊留香。

桂平西山茶始植于唐代，文化底蕴深厚。清光绪《浔州府志》载："西山茶以嫩、翠、香、鲜为特色。……色清而味芬芳，不减龙井。"目前，全市种植面积1.2万亩，年产量417吨。获得国家农产品地理标志登记。

推荐单位：广西壮族自治区桂平市农业局

水融香

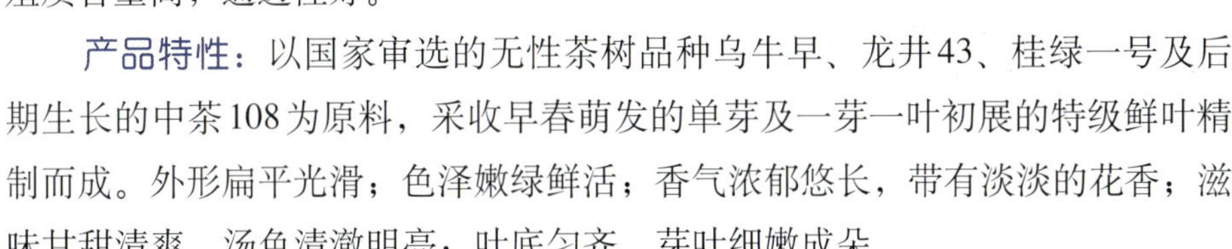

产地特征：广西壮族自治区融水苗族自治县地处云贵高原苗岭山脉向东延伸部分。境内山峦起伏，溪河密布，雨热同季，寒暑分明，雨量充沛，系亚热带南岭湿润气候区，立体气候较为明显。茶园土壤为黄壤型，土壤疏松，腐殖质含量高，通透性好。

产品特性：以国家审选的无性茶树品种乌牛早、龙井43、桂绿一号及后期生长的中茶108为原料，采收早春萌发的单芽及一芽一叶初展的特级鲜叶精制而成。外形扁平光滑；色泽嫩绿鲜活；香气浓郁悠长，带有淡淡的花香；滋味甘甜清爽，汤色清澈明亮；叶底匀齐、芽叶细嫩成朵。

水融香生产基地主要集中在自然环境生态优越的安太乡、融水镇等乡镇。通过有机食品认证。

推荐单位：广西壮族自治区融水苗族自治县农业局

巴南银针

产地特征：巴南银针产地位于重庆市巴南区东部偏北，气候属亚热带季风性湿润气候，茶区土壤呈棕红色，呈酸性，适宜茶叶生产。

产品特性：主要栽培品种为福鼎大白毫，属于中国茶树良种，无性繁殖系，属小乔木，中叶，早生种，显毫。采摘时间在2月中下旬至3月中下旬。外观修长挺直，色泽绿润，身披白毫。栗香持久，沁人心脾；汤色碧绿明亮；滋味鲜爽回甘，如啜甘霖；叶底一芽一叶，嫩绿，匀整。

目前，巴南区茶叶种植面积3.5万亩，年产量2 000吨。为重庆市名牌农产品。

推荐单位：重庆市巴南区农业委员会

永川秀芽

产地特征：永川区位于重庆市西部，永川秀芽产区地处丘陵地带，年均气温17.9℃，年均日照时数1 362小时，年均日照率为31%，年均降水量1 034毫米，自然生态环境良好。

产品特性：茶树品种为川茶群体或无性系中小叶茶树良种。采摘时间在2月中下旬至4月中下旬。现有名茶、炒青绿茶两种工艺，市售名茶外形似针，炒青绿茶外形条索紧直，形似秀眉，干茶色泽绿润显毫。香气清香持久、滋味鲜醇甘爽，汤色嫩绿明亮。

永川区属古巴蜀之地巴国昌州郡，种茶历史悠久。陆羽《茶经》“……其巴山峡川有两人合抱者……”，1401年，明惠帝经永川茶马古道途径茶店，偶尝永川茶，赞曰：“昌州海棠独香，永州茶叶更茗”。目前，全区茶园面积6万亩，年产量4 300吨。

推荐单位：重庆市永川区农业委员会

马边绿茶

产地特征：马边绿茶产自四川盆地西南边缘的小凉山区的马边彝族自治县。土壤多为酸性紫色土和黄壤，土层厚，土壤疏松肥沃，多数天气细雨蒙蒙，云雾缭绕，是发展绿茶的适宜区域。

产品特性：主要品种有福鼎大白、福选9号、马边绿1号、名山131等。马边绿茶有扁形茶、条形茶、卷曲茶等主要类型。扁形茶扁平光滑、匀整重实、嫩绿鲜润，汤色鲜绿明亮，滋味鲜醇爽口、清香高长；叶底嫩匀明亮。条形茶条索紧细、匀整洁净，嫩绿鲜润，汤色嫩绿明亮，滋味鲜醇甘甜，清纯鲜爽，叶底嫩匀成朵。卷曲茶条索卷曲，匀整紧洁，灰绿油润，汤色绿明亮，滋味醇厚甘润，清香持久，叶底嫩匀完整。

两汉时期，长江中上游茶区主要有马边、宜宾、珙县、沐川等地。宋代乐史著《太平寰宇记》称“彝人带携瓢攀登树上采茶”。马边曾是“茶马互市”的场所，现有茶园22万亩，年产量约8 500吨。获得国家农产品地理标志登记，通过有机食品认证。

推荐单位：四川省马边彝族自治县农业局

米仓山茶

产地特征：四川省旺苍县位于南北气候交汇处，属亚热带湿润季风气候，四季分明，气候温和，雨水充沛，无霜期长。土壤多为黄壤、黄沙壤，酸碱度适宜，硒、锌等微量元素含量高。

产品特性：品种主要有名山131号、福选9号、龙井43号和福鼎大白茶等优良品种。米仓山茶外形扁直，色泽翠绿，香气浓郁高长持久，栗香突出，有兰花香，滋味鲜爽醇厚，汤色嫩绿明亮，叶底嫩匀肥厚成朵，绿亮匀整，耐冲泡。

《华阳国志·蜀志》记载：231年，诸葛亮屯军于米仓山中，其间三年，引南征孟获所觅茶籽，因其茶惠泽万民，民众感其德，以“米仓山茶”名之。《利州志》记，唐玄宗为避安史之乱至蜀，赐名“知善君子”。目前，全县茶园面积20万亩以上，年产量3 000吨以上。米仓山为区域公用品牌，通过了有机食品认证、良好农业规范认证。

推荐单位：四川省旺苍县农业局

纳溪特早茶

产地特征：泸州市位于四川省东南部，纳溪特早茶产地位于四川盆地南缘与云贵高原接合部地带的低山区。土壤以紫色沙壤土为主，有机质含量丰富，保水保肥能力较强。属南部亚热带湿润季风气候，热能、雨量充沛、霜期短、湿度大。春季气温回升快，茶芽萌发早，每年2月上旬便有新茶上市。

产品特性：主栽茶树品种有福鼎大白茶、平阳特早、乌牛早、名山早(213)、福选9号等无性系良种。优良品种和自然环境造就了特早茶优势，采摘时间在2月初。外形扁平挺直，长短匀整，洁净光滑，色泽翠绿。香气栗香浓郁持久，汤色黄绿明亮，滋味香醇爽口，叶底完整，嫩匀碧绿。

唐代陆羽著《茶经》中记有“纳溪、梅岭产茶”之句，在大渡口镇清溪河晒鱼滩石壁上有北宋著名诗人、书法家黄庭坚的手书石刻“二月茶”。纳溪特早茶最早在除夕便能尝到，有“除夕茶”的美誉。现有茶园21万余亩，总产量6 800吨。获得国家农产品地理标志登记。

推荐单位：四川省泸州市纳溪区农业局

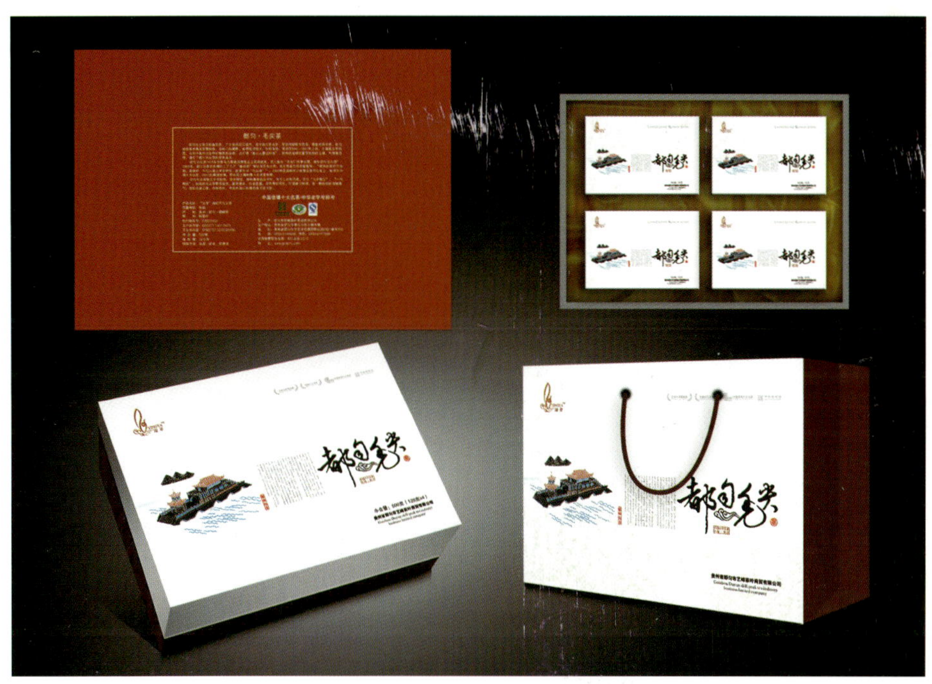

都匀毛尖茶

产地特征：都匀毛尖茶产自贵州省都匀市境内苗岭山脉南侧海拔540～1 961米的缓坡上，地理气候适宜茶树生长。

产品特性：选自清明前后独芽，通过"火中取宝，一气呵成"的独特技艺，全手工精心制作而成。成品色泽翠绿，条索卷曲，白毫显露，冲后高香持久，滋味鲜浓，回味甘甜，汤色绿黄，叶底明亮，芽头肥壮。

都匀毛尖茶又名白毛尖、细毛尖、鱼钩茶、雀舌茶，先后获巴拿马万国食品博览会金奖、中国十大名茶，核准国家地理标志产品保护。

推荐单位：贵州省都匀市农村工作局

宜良宝洪茶

产地特征：宜良宝洪茶产自云南省宜良县城西北部宝洪寺周边区域。产地海拔1 800多米，土壤为酸性红壤，平均气温16.4℃，年均日照时数2 223小时，年均降水量1 000毫米，具有低纬高原气候特点，生态环境好。

产品特性：品种为宜良宝洪茶地方良种，有性繁殖系，属小乔木型，中小叶高香茶种，品质优，抗性强，芽叶黄绿色，茸毛多。具有开采早，采期短，采得嫩三大特点。采期早，2月中旬开采，采摘精细。享有形美芽嫩、隐毫稀见，色泽绿翠，香气高锐，味浓鲜爽，汤色清澈“六绝”之盛誉。

宜良宝洪茶地方良种始于唐朝福建开山和尚首种，茶因寺得名，清康熙五十五年《宜良县志》：宝洪茶为著名物产。目前，全县茶叶种植面积3 000亩，年产量24吨。

推荐单位：云南省昆明市农业局

广南底圩茶

产地特征： 广南底圩茶产地位于云南省文山壮族苗族自治州东北部的广南县，海拔800～1 800米，属中亚热带高原季风气候，气候条件适宜茶树生长。

产品特性： 茶树品种属大叶种、小乔木型，抗寒性及抗病虫能力强。制绿茶色泽翠绿，嫩芽全为白色，香气清鲜，茶味回甘爽口；制红茶金毫显露，蜜糖浓香，汤色红艳，滋味浓厚；制黄茶如银饰发光，有浓郁的烤玉米香，汤色黄亮，滋味甘爽；制白茶干茶银白色，香气清新，茶汤橙黄明亮，滋味甘甜；制晒青普洱沱茶、七子饼茶、方茶等具有花边多，外形美观，制作花茶，香气高。

底圩茶栽培种植历史距今已有300多年。《广南府志》记载，“1825年，在底圩寨旁，距九龙山四十余里，其地产茶味绝美”。目前，全县茶园面积20多万亩，年产量6 000多吨。通过有机食品、绿色食品认证。

推荐单位： 云南省广南县农业和科学技术局

林芝春绿

产地特征：林芝春绿产自西藏自治区林芝地区，属温带半湿润高原季风气候区，温暖、湿润、多云雾气候为高原优质有机茶的种植生产提供了得天独厚的气候条件。

产品特性：茶树品种是从四川省雅安市引进培育出的无性系良种梅占及福鼎大白茶。外形紧细，灰绿油润，汤色嫩绿明亮，香气浓郁，滋味鲜醇回甘，叶底黄绿匀亮。

林芝春绿每年在4月底至5月采摘。目前，林芝地区茶园面积约3 000亩，年产量约31吨。通过有机食品认证。

推荐单位：西藏自治区林芝地区国资委

建阳白茶

产地特征：建阳市位于福建省北部武夷山南麓，属中亚热带季风气候，光热资源丰富。四季分明，夏长秋短，秋冬多雾，土壤呈红色或棕红色，气候条件和生态环境有利于白茶生长。

产品特性：茶树品种为小菜茶，小菜茶树姿开展或半开展，低分枝。干茶外形芽叶连枝完整，满身披毫，叶态舒展，叶缘垂卷，不带暗片、梗和非茶类夹杂物，叶色呈灰绿、翠绿或墨绿，叶背银灰，叶脉微红，毫香鲜纯，滋味清鲜甘醇，汤色杏黄清明，叶底软嫩匀亮。

建阳市产茶历史悠久。清乾隆三十七年至四十七年（1772—1782年），漳墩南坑茶业世家肖氏（肖苏伯）采用半晒半晾、不炒不揉、省工省炭的办法，创制出独特的片状茶即为建阳白茶。目前，全市种植面积3.5万亩，年产量700余吨。核准注册国家地理标志产品。

推荐单位：福建省建阳市农业局

政和白茶

产地特征：福建省政和县属丘陵地形，地势东高西低。山地均为红黄壤土，有机质含量高，生态条件良好，森林覆盖率达76.4%。

产品特性：产品主要以政和大白茶茶树品种的茶青为原料。品种属无性系品种，小乔木，大叶种，芽肥壮，叶质肥厚，叶面隆起，叶色墨绿，抗逆性和适应性强，4月中旬开采，适制红茶、绿茶、白茶。政和白茶包括白毫银针和白牡丹系列产品，汤色浅杏黄，毫香显，味醇厚回甘，叶底嫩绿，独具“清鲜、纯爽、毫香”。

政和县早在宋元时期已是“北苑贡茶”产地。宋徽宗政和五年，关隶县（原政和县名）进贡白茶，品质优异，喜动龙颜，赐年号为县名，沿用至今。目前，全县茶园面积10.3万亩，年产量1 900吨。核准国家地理标志产品保护。

推荐单位：福建省政和县茶业管理中心

莫干黄芽茶

产地特征：莫干黄芽茶产于浙江省北部德清县莫干山区。莫干山为天目山余脉，方圆百余公里有几十万亩毛竹林连绵而成的“竹海”，森林覆盖率在95%以上。山上常年云雾弥漫，空气湿润，属典型的亚热带季风气候。茶园土质酸性灰、黄壤，土层深厚，腐殖质丰富，松软肥沃。

产品特性：品种以当地莫干黄芽种（横岭1号）和鸠坑群体品种为主。莫干黄芽种，其条紧纤秀，细似莲心，含嫩黄白毫芽尖，故名。采摘时间在3月下旬至4月底。外形细紧似雀舌，色泽金黄多毫，香气清高幽雅，滋味鲜爽醇和，汤色嫩黄清澈，叶小芽壮、嫩黄明亮。

莫干山产茶历史悠久。晋时就有僧侣在山上结庐种茶，唐代列为上品。陆羽《茶经》载：“浙西以湖州为上，……生安吉、武康县山谷”。2013年，全县生产面积1.2万亩，产量300吨。为浙江省首批“省级名茶”。

推荐单位：浙江省德清县农业局

霍山黄芽

产地特征： 霍山县位于安徽省西部边缘，大别山北麓，境内环境优美，森林覆盖率达75.1%，是国家级生态县。霍山黄芽茶主要分布在700米以下的中山、低山地带，终年云雾缭绕，土壤有机质含量高，呈微酸性，适宜茶树生长。

产品特性： 茶树品种为金鸡种，叶色浅绿，芽色黄绿。外形挺直微展，芽头匀齐肥壮，色泽黄绿鲜润。香气清香持久，汤色黄绿清澈明亮，滋味浓厚鲜醇回甘，叶底微黄明亮，匀齐一致。

清光绪《霍山县志》记载："霍山黄芽之名已肇于西汉。《史记》记述'寿春之山有黄芽焉，可煮而饮，久服得仙'"。唐《国史补》把霍山黄芽列为十四品目贡品名茶之一。目前，全县种植面积14.2万亩，总产量6 100吨。核准国家地理标志产品保护。

推荐单位： 安徽省霍山县茶业发展办公室

安溪铁观音

产地特征：安溪县位于福建省戴云山脉东南部晋江西溪上游，属亚热带湿润气候，生长区土壤以砖红壤为主，有机质含量较高，矿物质营养元素丰富，特别是土壤中锰、锌、钼含量较高，为形成乌龙茶尤其铁观音茶叶的色、香、味奠定了良好基础。

产品特性：茶树品种为铁观音，属灌木型。树势披展，枝条斜生，叶片水平状着生，叶形椭圆；采摘期4月中下旬至10月中旬。茶条卷曲，肥壮圆结，沉重匀整，色泽砂绿油润。香气清高馥郁，有独特的"音韵"和天然花果香；滋味醇厚、回甘；汤色金黄或橙黄色；叶底肥厚软亮、青蒂绿腹红镶边。

安溪铁观音起源于清雍正年间，有"观音托梦"和"皇帝赐名"两个发源传说。全县现有茶园面积60万亩（其中铁观音面积约40万亩），年总产量6.8万吨。核准国家地理标志产品保护，通过有机食品、绿色食品、无公害农产品认证。铁观音制作技艺入选国家非物质文化遗产名录。

推荐单位：福建省安溪县农业与茶果局

大红袍

产地特征：大红袍产地位于福建省武夷山脉东南侧，气候温和，冬暖夏凉，无霜期长。四周群山环抱。茶区土壤为火山砾岩、红砂岩及页岩，土壤中有许多植被残体遗留土中，日益堆积，使表层腐殖质层较厚，有机质含量高。

产品特性：品种为大红袍。芽叶呈绿色微紫，采摘时间在5月中旬。成品茶外形壮结扭曲，色泽乌褐带宝色。条索紧结、或细紧或壮结。汤色金黄、橙黄，清澈明亮。香气带花、果香型，锐则浓长、清则幽远，有似水蜜桃香、兰花香、桂花香、乳香等香型。滋味醇厚滑润甘爽，带特有的“岩韵”。

武夷山产茶历史可追溯到唐代，有龙团凤饼和小团茶。明末清初在工夫红茶工艺基础上创新生产乌龙茶，是红茶和乌龙茶的发源地，至今仍保留有传统的制作工艺。目前，全市茶叶种植面积14.8万亩，春茶产量约6 900多吨。大红袍手工制作技艺入选国家非物质文化遗产名录。

推荐单位：福建省武夷山市茶业局

闽南水仙

产地特征：永春县位于福建东南部，属南亚热带北缘气候带，冬无严寒，夏无酷暑，四季如春。土壤多为红壤，土层深厚，有机质含量高，矿物质丰富。森林覆盖率达69.2%，生态良好。

产品特性：茶树品种为小乔木型，芽大多毫，淡绿肥壮。闽南水仙外形条索紧卷、肥壮，色泽乌润、三节色明显，整齐、匀净。茶香清高悠扬、兰花香显，汤色橙红、清澈明亮，滋味清醇、鲜爽、回甘，具有永春地域特征的特有“仙韵”，叶底肥厚、软亮、红边明。冲泡饮用时，飘逸缕缕似天然兰花香气，清香扑鼻。

水仙茶原产于福建省建阳县。清道光年间，永春县湖洋镇溪西村郑世报父子到闽北谋生，受雇于茶户，1842年回乡时从建阳带回100株水仙茶苗种于自家屋边，翌年育苗种于鼎仙岩，此后永春及闽南地区广为传种，距今已有170多年历史。目前，全县茶园面积1.2万亩，年产量1 800多吨。核准注册国家地理标志产品。

推荐单位：福建省永春县农业局

永春佛手

产地特征：永春县位于福建省东南部，属南亚热带北缘气候带，冬无严寒，夏无酷暑，四季如春。土壤多为红壤，土层深厚，有机质含量高，矿物质丰富。永春佛手茶主要种植于海拔400～800米的丘陵山地。

产品特性：品种有红芽和绿芽两个品系，均为无性系品种。灌木大叶型，叶面多隆起，叶肉肥厚，质特柔软，色黄绿油光，呈下垂状；芽大毫少，色紫红油光（绿芽色淡绿），肥壮重实。外形紧卷圆结、肥壮重实、状似海蛎干，色泽砂绿油润、有光泽，整齐、匀净。茶香浓郁幽长、似佛手柑果实散发的奇特果香，汤色金黄、清澄明亮，滋味醇厚、收敛性强、回甘快、"佛韵"长久，叶底肥厚、柔软、明亮。

永春佛手又名香橼种、雪梨。据载，最早始于北宋。狮峰《官林李氏七修族谱》有载，距今已有300多年。目前，全县茶园面积4.6万亩，年产量3 500多吨。核准国家地理标志产品保护。

推荐单位：福建省永春县农业局

漳平水仙茶

产地特征：漳平市位于福建省西南部，具有典型的中南亚热带和南亚热带过度地带的山地气候特征，气候温和，光照充足，雨量充沛，冬无严寒，夏无酷热，土层深厚。

产品特性：漳平水仙茶饼属乌龙茶类的紧压茶，其制作工艺独特，在国内属首创。水仙茶饼主要有桂花香型（水仙王子）、兰花香型（水仙公主）。外观形状呈正方形，色泽青褐间蜜黄或乌褐间金黄，香气清幽似兰或桂花，馥郁持久，滋味醇厚活泼而又润滑回甘，经久耐泡，汤色金黄或橙黄明亮，叶底完整黄嫩匀亮、红边鲜明。

漳平种植茶叶历史悠久，元代就开始种植茶叶，明清时期已具有相当规模，其中漳平水仙久负盛名。清光绪二十年，由泰昌茶庄选送的漳平水仙茶囊括了巴拿马博览会和上海博览会金奖。目前，全市种植面积5万亩，年产量5 000吨。

推荐单位：福建省漳平市农业局

单丛茶

产地特征：广东省大埔县峰峦叠嶂，岩泉渗流，最高海拔1 055米。土壤多为酸性，土层深厚、疏松，有机质含量高，常年云雾缭绕，昼夜温差大。

产品特性：茶树品种主要为杏仁香、黄枝香、白叶单丛等。外形条索壮结，匀整，色泽黄褐，油润有光。汤色金黄，花蜜香浓郁持久，滋味浓醇甘滑，回甘力强，耐冲泡。入咽有特殊山韵，饮毕唇齿留香，杯底更是有淡淡的蜜香。

大埔县茶文化历史悠久，源远流长。目前，全县种植面积8.4万亩，年产量5 200吨。通过绿色食品和有机食品认证。

推荐单位：广东省大埔县农业局

千两茶

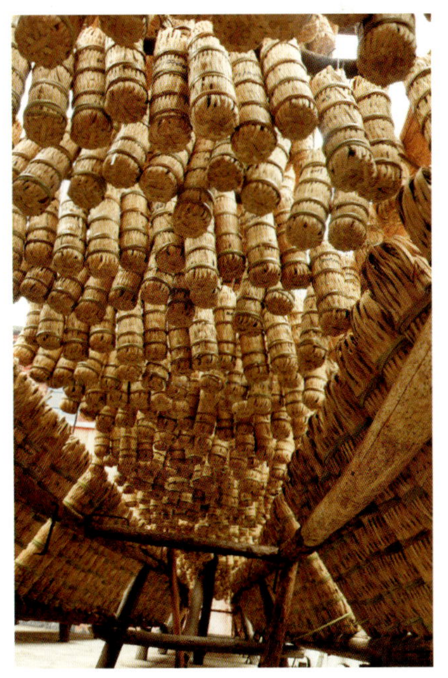

产地特征：湖南省安化县自古以茶闻名。境内高山环绕，溪河网布，属亚热带季风气候，自古有“山崖水畔，不种自生”的优异茶树生长环境。

产品特性：千两茶采用安化云台山大叶种二级黑毛茶为原料，传承传统纯手工制作。经杀青、揉捻、渥堆发酵、七星灶烘焙、木仓陈放、筛分、拼配、司秤、气蒸、装篓、杠压紧形、天然凉置等70多道工艺及七七四十九天晾置干燥方能制作出一支世界茶王——千两茶。千两茶净重63.25千克，长1.5米，呈圆柱状。外包装为花格篾篓内衬棕片、蓼叶，茶体色黑深沉、紧实油润。香气纯正、高长，略带松烟香；口感爽润、醇和回甘；新品汤色橙黄明亮，陈品汤色红亮剔透。茶品越陈越香。

安化千两茶，始称“花卷茶”，创制于清嘉庆年间，时称“树型茶卷茶”(现存故宫博物院两支)。千两茶是安化地区独有的生产工艺，制作受时节、气候的限制，每年只有在盛夏的3个月中能生产，且每支茶的制作需7名技师协同完成，因此生产数量有限。全县年产不到3万支。2008年，安化千两茶传统制作工艺入选国家非物质文化遗产名录。

推荐单位：湖南省安化县农业局

金茯茶

产地特征： 湖南省安化县以山地丘陵为主，属于亚热带大陆性季风气候。土壤类型为成土母质以板页岩风化物为主的红黄壤，土壤有机质含量高，富含氮、钾、硒等元素。

产品特性： 金茯茶为块状安化黑茶，以云台山大叶种和槠叶齐两个品种的二、三级黑毛茶为原料，经过筛分、拼配、渥堆、压制定形、发花干燥、成品包装等工艺制成。外形为长方形，砖面平整，棱角分明，厚薄一致，松紧适宜，发花（冠突散囊菌）普遍茂盛，色泽黑褐，外形规格一致，砖重均为2千克。内质香气纯正，滋味醇厚，汤色红黄明亮，叶底黑褐尚匀。茯砖茶在泡饮时，汤红不浊，香清不粗，味厚不涩，口劲强，耐冲泡。

茯砖茶约在1368年（明洪武元年）问世，采用湖南、陕西、四川等茶为原料，手工筑制，因原料送到泾阳筑制，称“泾阳砖”；因在伏天加工，故称“伏茶”。茯砖茶生产季节从8月到翌年4月。目前，茶园种植面积3万亩，年产黑毛茶2 000吨。

推荐单位： 湖南省安化县农业局

天尖茶

产地特征：安化县位于湖南省中部，天尖茶产地海拔500～800米，地形以山地丘陵为主，属于亚热带大陆性季风气候，年均气温16.5℃。土壤类型为红黄壤，富含氮、钾、硒等元素。

产品特性：天尖茶为篓装安化黑茶，是安化黑茶系列产品中唯一的散茶品类。选料颇为讲究，以一级安化黑毛茶为生产原料，经过筛分、烘焙、拣剔、拼堆、踩制压包、凉置干燥等工艺制成。

天尖茶成团块状，搓散团块，条索紧结，扁直，嫩度较好，色泽乌黑油润。香气高醇，带松烟香，汤色橙黄，滋味醇厚，叶底黄褐尚嫩。

历史上安化黑茶有“三尖”之说：“天尖、生尖、贡尖”，其中天尖黑茶地位最高，等级最高，明清时就被列为皇家贡品。目前，茶园种植面积3万亩，年产黑毛茶2 000吨。

推荐单位：湖南省安化县农业局

巴达高山青饼

产地特征：巴达高山青饼原料基地坐落于云南省西双版纳州府景洪西南110千米的巴达山，平均海拔1 700米以上。全年气候温和，雨量充沛，茶树生长季节终日云雾缭绕。茶园周围数十公里均为材林以及阔叶林区，属典型的生态茶园，林茶交错，溪流竞语。

产品特性：茶树品种为勐海大叶种，芽叶呈玉白色。采摘时间在2月中下旬至5月中下旬。饼形色泽黄绿，松紧适宜，撒面均匀，显白毫。水浸出物含量在42%以上，茶多酚约为24%，氨基酸含量较高，汤色金黄明亮，香高持久；滋味鲜爽醇厚，回甘高而持久。叶底色泽绿黄，嫩软。

1973年，勐海茶厂率先研究普洱茶渥堆发酵工艺并获得成功，正式开始了普洱茶的大批量生产。巴达高山青饼加工工艺入选国家非物质文化遗产名录。

推荐单位：云南省勐海县农业和科技局

高黎贡山普洱茶

产地特征：腾冲县位于云南省西南部，高黎贡山普洱茶产区地处高黎贡山腾冲至保山段，茶树生长在海拔1 800 ～ 3 800米，属亚热带气候，降水量丰沛，日照充足。红壤，土层深厚，新生代火山灰土，有机质含量高。

产品特性：高黎贡山普洱茶，以树龄在200年多年以上的云南大叶种古树茶一芽二、三叶为原料，于每年3月底至6月初进行采摘，经过手工晒青，加上普洱茶的特殊工艺制作而成。普洱生茶外形条索肥壮紧结有锋苗，色泽油润，匀整有嫩茎。内质清香尚浓，滋味浓醇回甘，汤色金黄明亮，叶底嫩匀；熟茶外形条索肥壮，色泽红褐，陈香浓厚，滋味浓醇甘爽，汤色红浓明亮、回甘持久。

普洱茶历史最早可追溯到商周，到唐代已成为主要商品。腾冲县现有茶园10万多亩，挂牌保护古茶树3万多棵，年产干毛茶1.1万吨。通过有机食品、绿色食品认证。

推荐单位：云南省腾冲县农业局

岩冷普洱茶

产地特征：岩冷普洱茶产地位于云南省澜沧县惠民镇的景迈芒景千年万亩古茶园。古茶园系当地布朗族、傣族先民所驯化、栽培，迄今已有1 800多年历史。生长在万木丛林中的古茶树，靠自然肥力生长，无任何污染，品质优良，是纯天然绿色产品。

产品特性：岩冷普洱茶选用云南大叶种乔木古树茶为原料，经高温蒸压而成，条索肥壮显毫。生茶汤色黄亮浓稠，纯正剔透的茶汤沁人心脾，强劲的香气溶于茶汤，与浓厚饱满的醇甜滋味交相辉映，饱满的口感引发持久回甘；熟茶汤色红浓透亮，香甜滑润，底厚韵美，神出心窍，茶人称快，奉为匣中珍宝。

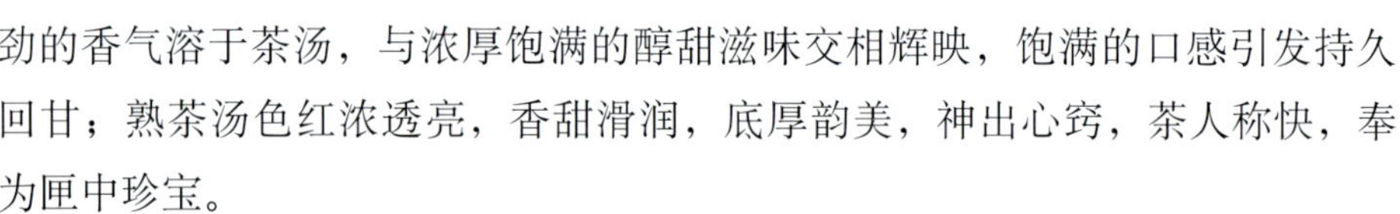

布朗族典籍《奔闷》、《叫魂经》考证，“岩冷”是布朗族的祖先，他带领族人定居，种下了神奇的普洱茶，是布朗族公认的种茶茶祖。经过世代的繁衍种植，在“世界茶叶驯化天然博物馆”的景迈山留下了千年万亩古茶园。岩冷普洱茶生产季节为每年3 ~ 10月。全县茶园面积30万亩，年产干毛茶1.1万吨。通过有机食品认证。

推荐单位：云南省普洱市澜沧县茶产业发展办公室

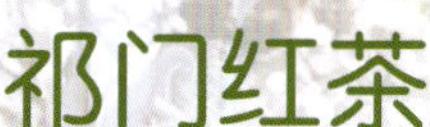

祁门红茶

产地特征：祁门县位于安徽省西南端，毗邻江西省。境内群山起伏，平均海拔500米。森林覆盖率达85.78%；土壤质地疏松、有机物质丰富，茶叶所生长的山坡谷地常年云雾缭绕，气候湿润，日照偏少。

产品特性：其原料以国家级良种祁门槠叶种以及以此为母本选育的无性系茶树良种为主。茶叶的初采期一般在清明的前十天。外形条索紧细，锋苗秀丽，金毫显露，色泽乌润，俗称“宝光”。汤色红艳明亮、滋味鲜醇、香气似花、似果、似蜜，又称“祁门香”，位居世界三大高香名茶之列。

祁门红茶创制于光绪元年。曾两获国际金奖，四次蝉联国家质量最高金奖，被誉为“祁门香”、“群芳最”、“茶中英豪”。2013年，全县拥有茶园16万亩，产红茶约4 650吨。

推荐单位：安徽省祁门县农业委员会

祁门红茶

产地特征：池州市位于安徽省西南部。祁门红茶产地特征为起伏的中低山和丘陵，海拔在300～650米。年均（下同）日照时数1 685.6小时，气温16.1℃，有效积温4 980℃，茶树生长期昼夜温差6～12℃；无霜期220天；降水量1 590毫米。土壤类型为黄棕壤和沙黄壤，较肥沃。

产品特性：栽培的茶树品种主要是祁门种、凫早2号、安徽3号、波毫、皖农95，其为灌木型、中叶类、偏早生种，一般3月下旬开采。外形条索紧细匀整锋苗显，色泽乌润金毫露。祁红特级为：外形条索细嫩挺秀毫显，色泽乌润、洁净、匀整。祁红毛茶（一级）内质：香气鲜甜持久，汤色红艳，滋味甜厚鲜爽，叶底黄红柔嫩匀亮。祁红（特级）内质：香气鲜嫩甜香浓郁，滋味鲜爽绵甜，汤色红艳明亮，叶底柔嫩红亮。

据《茶业通史》、《中国茶经》等专著记载：1875年（清光绪元年）祁红原产于至德县，继而扩展到祁门，后来逐渐形成祁红产区。目前，全市茶园面积24万亩，祁红总产量1.2万吨，主要分布在全市16个产茶重点乡镇。1915年，祁红荣获巴拿马国际博览会金奖。

推荐单位：安徽省池州市贵池区农业委员会

金骏眉

产地特征：武夷山市位于福建省北部，气候温和，冬暖夏凉，无霜期长。四周群山环抱，多雾形成大量散射光，茶树生长条件良好。茶区土壤为火山砾岩、红砂岩及页岩，土壤中有许多植被残体遗留土中，日益堆积，使表层腐殖质层较厚，有机质含量高，非常适宜栽茶。

产品特性：茶树品种为桐木奇种。采摘时间在3月中下旬至4月中下旬。干茶颜色以金黄、褐、银、黑四色相间，外形瘦细。汤色艳红，经久耐泡，滋味醇厚，似桂圆汤味，气味芬芳浓烈，以醇馥的烟香和桂圆汤、蜜枣味为其主要品质特色。如加入牛奶，茶香不减，形成糖浆状奶茶，甘甜爽口，别具风味。

金骏眉是在正山小种红茶传统工艺基础上创新工艺，于2005年研制的新创红茶。2013年，全市茶叶种植面积14.8万亩。

推荐单位：福建省武夷山市茶业局

政和工夫红茶

产地特征：福建省政和县属丘陵地形，地势东高西低，山地均为红黄壤土。生态条件良好，森林覆盖率达76.4%。

产品特性：政和工夫红茶产品主要以政和大白茶、政和小菜茶品种茶青为原料。政和小菜茶茶树品种属有性系品种，灌木，小叶种，叶质较厚，叶面较隆起，叶色嫩绿，抗逆性和适应性强，3月中旬开采。政和工夫红茶外形肥壮紧结、重实，色泽黑褐油润，锋苗显露、挺秀金黄，极为美观。内质浓郁芳香，隐约间带紫罗兰香气，味醇而甘甜，汤色金黄或橙黄明亮，叶底呈红铜色，肥厚柔软，素有“三泡味不变”之美誉。

政和工夫红茶始制于1874年，其加工工艺是在武夷山小种红茶基础上衍变而来。延续至今的茶灯戏、新娘茶是政和茶文化的瑰宝。目前，全县茶园面积10.3万亩，产量1 500吨。

推荐单位：福建省政和县茶业管理中心

井冈红

产地特征：井冈红产自江西省井冈山市国家级自然保护区。森林覆盖率达71%，群山连绵，森林茂密，四季云雾缭绕，昼夜温差大；水源清澈。土壤以黄砾壤为主，矿物质含量丰富。

产品特性：茶树栽培品种以当地的野生小叶种为主。叶质柔软肥嫩，持嫩性强；高香新品种金观音、黄观音等香气浓郁。因高海拔，每年开采季节在3月底至4月初。条索紧结，匀净，色泽乌黑油润，带金毫。汤色红亮，香气高纯，入口滑顺柔和，甘甜感顿生，回味悠长；叶底舒展，芽叶鲜活，秀挺亮丽。

井冈红源起井冈山红色革命时期“红军种茶”历史记载，当时作为红区与白区交易的产品换回食盐、药品等必需品。通过绿色食品、有机食品认证。

推荐单位：江西省井冈山市农业局

宜红工夫茶

产地特征：宜红工夫茶产地位于湖北省武陵山系和大巴山系境内。茶树分布主要在海拔200 ～ 1 000米的低山和半高山区，属亚热带季风气候，年均气温14 ～ 18℃，年降水量1 200 ～ 1 600毫米。茶叶生长区土壤以黄壤、黄棕壤、红壤土为主，呈弱酸性，适宜茶叶生产。

产品特性：品种为宜昌大叶茶及恩施大叶茶、宜红早及鄂茶7号等。外观条索细紧带金毫，色泽乌润，甜香高长，滋味浓醇，叶底红亮。优质宜红茶因多酚类和咖啡碱含量高，络合而形成的“冷后浑”乳凝现象独具特色。

宜红工夫茶问世于19世纪50年代，70年代年出口英国、苏联等。获得国家农产品地理标志登记，为湖北名牌产品。

推荐单位：湖北省宜都市农业局

昌宁红

产地特征：昌宁红产自云南省昌宁县,产区位于澜沧江流域中上游，地处中国西南部的亚热区高海拔大陆季风带。境内气候温热，具有“一山分四季、十里不同天”的立体自然气候特点。山区雨季雨雾缭绕，坝区冬季晨雾浓浓，空气湿度相对较大。土壤类型以红壤、黄壤、黄棕壤、赤红壤为主，得天独厚的生长环境有利于茶品质形成。

产品特性：茶树品种为地方性群体良种，有漭水源头种、温泉源头茶、昌宁大叶茶以及国家级无性系良种云抗10号等。清明前后开始采摘，5～7月大面积采摘。外形条索紧结匀直，色泽乌褐油润有锋苗，匀整，净度好；汤色金黄明亮，香气甜纯馥郁，滋味醇厚回甘，叶底柔软红匀。

昌宁是一个有着悠久历史的老茶区，是西南茶马古道支线的必经之地。据《昌宁县志》记载，昌宁大规模种茶始于清末。目前，全县茶园约25万亩。昌宁红茶曾是国家出口创汇重点产品。

推荐单位：云南省保山市农业局

黄梨坡红茶

产地特征：黄梨坡红茶产自云南省腾冲县。产地境内群峰起伏，平均海拔在1 800 ~ 2 200米，日照短，昼夜温差大，早晚云雾笼罩，植被繁茂，腐殖质层厚，土壤理化性好，有机质含量高，富含茶树生长所需的大量元素和各种微量元素。

产品特性：选用当地优质云南大叶种茶的鲜嫩茶叶为原料，一般为一芽二叶、一芽一叶，经过萎凋、揉捻（切）、发酵、干燥等典型工艺过程精制而成。外形条索紧结肥壮，色泽乌润显金毫，汤色红艳，香气鲜浓，滋味醇厚，富有收敛性，叶底红亮。黄梨坡红茶性温，擅温中驱寒，温胃驱寒，适宜脾胃虚弱者饮用。

黄梨坡红茶生产季节为4 ~ 10月，目前，茶园面积2万亩，挂牌保护古茶树1万多棵。通过有机食品认证。

推荐单位：云南省腾冲县农业局

龙都香茗

产地特征：龙都香茗产自四川省荣县。产地属川南长江上游沱江、岷江水系的低山丘陵地带，属中亚热带湿润气候区。中低山适茶区域以微酸性棕壤土、黄壤土类为主。

产品特性：外形紧秀显毫，色泽黄绿油润，均匀整齐，净度良好，芬芳袭人。具有香气鲜浓隽永，汤色黄绿明亮，滋味鲜爽浓醇，叶底黄绿匀亮等风味特征。龙都香茗的烘青茶坯，生产季节为每年3月上旬至4月中旬，花茶生产季节为每年7～8月。

目前，全县茶园总面积8万余亩，年产量2 000吨。通过绿色食品认证，为四川省名牌产品。

推荐单位：四川省自贡市荣县农牧业局

余庆小叶苦丁茶

产地特征：贵州省余庆县地处黔中高原的东北部，属亚热带季风湿润性气候，山清水秀，气候宜人，境内生态良好，生物资源丰富，冬无严寒，夏无酷暑，雨热同季，植被丰茂，森林覆盖率达56%。

产品特性：余庆小叶苦丁茶属木樨科粗壮女贞，每年3月初开采，秋茶采收后结束。外形细紧，色泽绿润，香气清纯，汤色绿亮，滋味鲜爽甘甜，叶底翠绿鲜活，具有干茶绿、汤色绿、叶底绿的“三绿”特征。

余庆县种植小叶苦丁茶1.8万亩。核准国家地理标志产品保护，通过无公害农产品认证。

推荐单位：贵州省余庆县茶产业发展中心

杭白菊

产地特征：浙江省桐乡市地处长三角浙北水网平原，平均海拔5.3米。杭白菊适宜种植在通气良好的地块。年日照时数1 980小时，≥10℃的活动积温5 100℃。

产品特性：主栽品种小洋菊、早小洋菊。性喜温光，植株茎秆细而柔韧，呈半匍匐状，有效花蕾多，花朵直径3.8～4.2厘米。朵花花瓣玉白、花蕊深黄；胎菊花瓣肉黄色，花蕊黄色略带绿。花形完整，色泽均匀，花朵大小均匀。开水泡饮汤汁淡黄澄清、味微甜，芳香味浓，花形完整。

桐乡杭白菊栽培有380多年历史，始见明末清初桐乡张履祥《补农书》。目前，全市种植面积5万多亩，年产干花6 000余吨。

推荐单位：浙江省桐乡市农业经济局

滁菊

产地特征：主要种植于安徽省滁州市南谯区，海拔100 ～ 200米的丘陵地带，年均降水量1 018毫米，年均日照2 267小时，年均气温15.2℃。

产品特性：栽培品种为传统地方品种，滁菊花为头状花序，直径35 ～ 45毫米，花心（管状花）直径8 ～ 15毫米，花瓣（舌状花）130 ～ 140片，5 ～ 9层。花心金黄色，花瓣玉白色，花形丰满，气味芳香，故有“金心玉瓣，翠蒂天香”的美誉。每年4 ～ 6月移栽。滁菊取其头状花序干燥饮用或药用，菊花茶富含黄酮、挥发油、氨基酸和微量元素等有效成分，有降火祛湿、护肝明目等功效。

滁菊饮用历史悠久，源远流长。早在北宋年间，当地人就用菊花做糕点、茶饮，款待宾朋。清光绪年间被朝廷纳为贡品，故有“滁州贡菊”之称。目前，种植规模1.5万亩，鲜花总产量6 000吨。核准国家地理标志产品保护，通过绿色食品认证。

推荐单位：安徽省滁州市南谯区农业委员会

黄山贡菊

产地特征：安徽省歙县丘陵面积约占总面积95%，气候宜人，物产丰富，属亚热带湿润气候，气候温润，四季分明。雨量充沛，空气清新，冬无严寒，夏无酷暑，非常适宜菊花种植。是我国有名的贡菊之乡。

产品特性：栽培品种主要是黄山贡菊。朵大，圆形，白色，花瓣70%展开，花瓣密，花心淡黄色，均匀无散花。干花花瓣偏黄，花蕊鲜艳，花色清爽，花蒂绿片多，质柔软，气芳香，味甘微苦。

清光绪年间，北京紫禁城里流传红眼病，皇上下旨，遍访名医良药，徽州知府献上徽州菊花干，京人泡服后眼疾即愈。于是徽菊名气大振，被尊称“贡菊”。被《中国药典》誉为“菊中之冠”、“民族瑰宝”，与杭白菊、滁菊、亳菊并称中国“四大名菊”。目前，建有无公害贡菊生产基地2 500亩，年加工干菊花2 000吨。为安徽省名牌农产品。

推荐单位：安徽省黄山市歙县农业委员会

雪菊

产地特征： 新疆维吾尔自治区乌恰县气候干燥，降水量少，冬季严寒而漫长，夏季温凉而短促。雪菊主要生长在海拔在2 000 ~ 3 000米的半山区地带。全年太阳总辐射量133.9千卡/厘米^2，半山区日照时数2 985小时，年日照百分率68%。有效积温2 030℃，昼夜温差12 ~ 14℃。土壤为山地栗钙土、山地棕钙土、山地棕漠土。

产品特性： 雪菊为一年生草本，高达50厘米，叶菱状卵形或长圆状卵形，长1.2 ~ 2.5厘米，全缘，少有锯齿。舌状花单轮，花瓣6 ~ 8枚，黄色，基部或中下部红褐色，管状花紫褐色。总苞片2层，内层长于外层。瘦果纺锤形。既有淡淡的药香，又有陈年普洱的色泽和醇厚，还有一种非常特殊的绵长的甘甜。

目前，乌恰县雪菊生产规模为300亩，年产4吨。因产自帕米尔高原2 600米以上的昆仑山上，又称“昆仑雪菊”，是具有独特功效的稀有高寒植物。由于花期极短，产量极少，生长环境特殊，与冰山雪莲齐名，有“茶中贵族”的美誉。

推荐单位： 新疆维吾尔自治区乌恰县农业局

索 引

北京市

金北联红小豆 54

天津市

宝坻大米 2

河北省

蔚县豌豆 60

蔚州贡米 28

武安小米 29

孤竹小金米 30

八旗贡米 31

胭脂稻 3

井陉红小豆 55

黄粱梦小米 32

龙兴贡米 33

肃宁黑花生 74

山西省

汾州香小米 34

西回小米 35

河峪小米 36

内蒙古自治区

蒙田小米 37

扎鲁特绿豆 57

辽宁省

东港大米 4

吉林省

舒兰大米 5

倒淌河大米 6

乾安黄小米 38

红石砬小米 39

顺山堡子葵花籽 81

黑龙江省

桦川大米 7

延寿大米 8

庆安大米 9

绥滨大米 10

托古小米 40

古龙小米 41

巴彦大豆 70

八家子小米 42

穆棱大豆 71

克山大豆 72

宝清大白板南瓜籽 82

梧桐河大米 11

界江红红小豆 56
小金黄芽豆 73

江苏省

建湖大米 12
洪泽湖大米 13
金坛大米 14
洞庭山碧螺春 86
金坛雀舌 87
茅山青锋 88
太湖翠竹茶 89
天目湖白茶 90
无锡毫茶 91

浙江省

新昌小京生花生 75
缙云薏米仁 48
天目小香薯 66
安吉白茶 92
大佛龙井 93
更香绿茶 94
江山绿牡丹茶 95
缙云黄茶 96
绿剑茶 97
莫干黄芽茶 145
平水日铸茶 98
千岛玉叶龙井茶 99
松阳银猴 100
天目青顶 101
天台黄茶 102
乌牛早茶 103
婺州举岩茶 104
余姚瀑布仙茗 105
越乡龙井 106
杭白菊 169

安徽省

南陵大米 15
明光绿豆 58
沱河大米 16
板桥大米 17
芜湖大米 18
乔亭小籽花生 76
桐城大米 19
黄山毛峰 107
黄山毛峰 108
黄山毛峰 109
云谷大方茶 110
霍山黄芽 146
金山时雨 111
六安瓜片 112
六安瓜片 113
祁门红茶 159
祁门红茶 160
太平猴魁 114
汀溪兰香茶 115
涌溪火青 116
新安源绿茶 117
休宁松萝 118
岳西翠兰茶 119

滁菊 170
黄山贡菊 171

福建省
连城红心地瓜干 67
金沙薏米 53
漳平青仁乌豆 61
安溪铁观音 147
大红袍 148
金骏眉 161
建阳白茶 143
闽南水仙 149
永春佛手 150
松溪绿茶 120
漳平水仙茶 151
政和白茶 144
政和工夫红茶 162

江西省
武功紫红米 47
浮瑶仙芝 121
井冈翠绿 122
井冈红 163

山东省
柘山花生 77
荣成大花生 78
文登大花生 79
八斗贡米 20
明水香稻 21
龙山小米 43
黄河口大米 22
胶河土豆 62

河南省
蔹北茶 123
信阳毛尖 124
信阳毛尖 125

湖北省
竹溪贡米 23
邓村绿茶 126
龙峰茶 127
水镜毛尖 128
宜红工夫茶 164
英山云雾茶 129

湖南省
古丈毛尖 130
千两茶 153
金茯茶 154
天尖茶 155

广东省
那湖五彩薯 68
蕉岭黑花生 80
单丛茶 152

广西壮族自治区
南丹巴平米 24

伏虎绿雪 131
桂平西山茶 132
水融香 133

重庆市

东坡阴米 25
巫溪洋芋 63
巴南银针 134
永川秀芽 135

四川省

龙都香茗 167
马边绿茶 136
米仓山茶 137
纳溪特早茶 138

贵州省

紫云红心红薯 69
都匀毛尖茶 139
余庆小叶苦丁茶 168

云南省

广南八宝米 26
佤寨荞 49
摩梭红米 50
高良苡仁 51
黑尔糯米 52
宜良宝洪茶 140
巴达高山青饼 156
昌宁红 165
高黎贡山普洱茶 157
黄梨坡红茶 166
广南底圩茶 141
岩冷普洱茶 158

西藏自治区

林芝春绿 142

陕西省

横山大明绿豆 59
延安小米 44
米脂小米 45
瓜坡洋芋 64

甘肃省

丰源马铃薯 65
花寨小米 46

宁夏回族自治区

沙湖大米 27

新疆维吾尔自治区

塔城瓜子（西瓜籽） 83
雪菊 172

后记

编发《全国名特优新农产品目录》并结集成册是优质农产品开发工作的一件新事。农业部余欣荣副部长亲自提议并组织、指导了本书编辑工作。农业部种植业管理司曾衍德司长、何才文副司长和经作处、粮油处的同志们鼎力支持，统筹安排，为本书顺利出版提供了保障。各省（自治区、直辖市）和计划单列市、黑龙江省农垦总局农业部门组织各有关县（市、区）农业部门和生产单位在较短的时间内，卓有成效地完成了编写素材的征集工作，为本书顺利出版奠定了基础。中国农业科学院原副院长朱德蔚、中国农业科学院果树研究所所长刘凤之、中国农业科学院茶叶研究所副所长鲁成银、农业部稻米品质监督检验测试中心常务副主任朱智伟、农业部果品质量监督检验测试中心常务副主任聂继云、农业部茶叶质量监督检验测试中心常务副主任刘新、农业部油料品质监督检验测试中心副主任丁小霞、中国农业大学农学与生命科学学院果树系教授李天忠等专家，在百忙中分别审阅了书稿，对产品分类、产地特征、品质特性等提出了修改意见。中国农业出版社组织精干的编辑和设计力量积极参与，提出了很好的建议，有序、高效地完成了出版工作。在此，向为本书编辑、出版工作做出贡献、付出辛劳的各位领导、专家和有关同志表示衷心地感谢。

本书由农业部优质农产品开发服务中心集体组织编审。中心领导班子高度重视，周密部署，精心组织，严把编审质量。杨映辉、袁广义、孙灿、路馨丹负责粮油类编审，李清泽、杜维春负责茶叶类编审，郝文革、李建兵、侯振宇、黄魁建、霍美丽负责果品类编审，李连海、孔巍、苗阳负责蔬菜类编审，高倩玉负责甄选全书图片。大家认真负责，加班加点，分工协作，密切配合，分组编审，三审定稿，其家人也给予极大的理解和支持，保证了在较短时间内高质量地完成本书编审任务。受主客观因素的影响，有些耳熟能详、家喻户晓的优质农产品，由于没有申报而未入选《2013年度全国名特优新农产品目录》，因而没有编入本书；有些产品虽然入选《2013年度全国名特优新农产品目录》，但因没能按时提交符合要求的文字介绍与图片，也未能编入本书，相关缺憾只能留在下次目录发布和选编时加以弥补。

由于我们的编辑能力和水平有限，书中的文稿和照片难以尽善尽美；加上时间仓促，错漏之处在所难免。不足之处，请专家、同行和广大读者指正。

欲了解全国名特优新农产品目录信息，请登录我中心网站www.ynzx.moa.gov.cn；如有意见和建议请联系我们，邮箱是dscqfp@163.com。

编　者

2014年12月